令和二年度入学者選抜学力検査問題

国　語

（50分）

国立高等専門学校

（配　点）

1	12点
2	27点
3	31点
4	30点

（注意事項）

1　問題冊子は指示があるまで開かないこと。

2　問題冊子は一ページから十四ページまである。検査開始の合図のあとで確かめること。

3　検査中に問題冊子の印刷不鮮明、ページの落丁・乱丁及び解答用紙の汚れ等に気づいた場合は、静かに手を高く挙げて監督者に知らせること。

4　解答用紙に氏名と受検番号を記入し、受検番号と一致したマーク部分を塗りつぶすこと。受検番号が「0（ゼロ）」から始まる場合は、0（ゼロ）を塗りつぶすこと。

5　解答には、必ず**ＨＢの黒鉛筆**を使用すること。なお、解答用紙に必要事項が正しく記入されていない場合、または解答用紙に記載してある「マーク部分塗りつぶしの見本」のとおりにマーク部分が塗りつぶされていない場合は、解答が無効になることがある。

6　一つの解答欄に対して複数のマーク部分を塗りつぶしている場合、または指定された解答欄以外のマーク部分を塗りつぶしている場合は、有効な解答にはならない。

7　解答を訂正するときは、きれいに消して、消しくずを残さないこと。

1 次の(1)から(6)までの傍線部の漢字表記として適当なものを、それぞれ**ア**から**エ**までの中から一つずつ選べ。

(1) 同窓会のカン事を務める。　**ア** 管　**イ** 幹　**ウ** 官　**エ** 勧

(2) 将軍に対する武士の忠セイ心。　**ア** 精　**イ** 聖　**ウ** 誓　**エ** 誠

(3) 仏前に花をソナえる。　**ア** 備　**イ** 具　**ウ** 供　**エ** 据

(4) コウ鉄で造られた船。　**ア** 鋼　**イ** 厚　**ウ** 鉱　**エ** 剛

(5) 人口の分プを調査する。　**ア** 府　**イ** 負　**ウ** 布　**エ** 符

(6) 世間の風チョウに流される。　**ア** 潮　**イ** 調　**ウ** 徴　**エ** 兆

2 次の文章を読んで、後の問いに答えよ。

平安時代も十一世紀になると、(1)宮廷の女房たちが優雅な生活を楽しむようになり、じゅうぶんな文化の享受者として、かずかずのことばの花を咲かせるようになった。

秋を述べた名文も多い。とりわけ人びとに親しまれ、暗誦《あんしょう》する人も多いと思われるものは、(注1)『紫式部《むらさきしきぶ》日記』のつぎの部分であろう。

秋のけはひたつままに、土御門殿《つちみかどどの》のありさま、(2)言はむ方なくをかし。池のわたりの梢《こずえ》ども、(注2)遣水《やりみず》のほとりの叢《くさむら》、おのがじし色づきわたりつつ、おほかたの空も艶《えん》なるにもてはやされて、(注3)不断の御読経《みどきょう》の声々あはれまさりけり。やうやう涼しき風のけしきにも、例の、絶えせぬ水のおとなむ、夜もすがら聞きまがはさる。

筆者・紫式部は『源氏物語』の作者であり、さすがという他は(a)ない。とくに、ここは冒頭の部分、いちだんと入念な筆づかいだったはずである。

土御門殿とは中宮彰子《しょうし》の父、藤原道長《ふじわらのみちなが》の邸《やしき》で、いましも彰子は出産のために里の邸に下っている。出産の予定は九月、いまは秋七月の立秋のけはいも実感できる初秋のころと思われる。

さて、(3)この文章が名文といえる理由はどこにあるのだろう。

まず、この描写の中には何一つ、きわ立った秋の景物が(b)ない。梢だって叢だって、いつも見える。遣水も、平凡な庭のしつらえにすぎ(c)ない。

特段にどこの何が秋めくというのでもなく、それでいて秋のけはいがたつという季節の体感こそが、じつはこの国の秋の感触なのだろう。

空もおおかたの様子が艶だといい、秋のけはいとともに感じるものは、これまた風のけしきだという。

とくに涼気が漂ってきた、天地宇宙の全体が緊張へと向かっていく、そんな季節の移行が秋なのであろう。

また、きわめて直覚的な季節の認識が、それぞれの景物の中で連動して感じられているのも、この文章の特徴であろう。おおかたの空が艶なる様子だということを中心として、梢や叢の色づきつづける姿も、読経の声々とも、それぞれに空は連動している。

そしてまた、風の様子と遣水の音もばらばらではなく、しかも遣水の夜もすがらの音は読経の声とも聞きまちがえられるというほどに、区別しがたい。こうした作者の目や耳に、あれこれの景物が一つの生命体をなして感じられることこそ、自然の季節を深めゆく営みとの、いちばん深い対面なのであろう。

この文章が、名文をもって聞こえる理由も、そこにあるにちがいない。(d)

自然は人事を包含してしまうものだということを、この文章を見ながら、わたしはつくづくと思う。

ところで、古典文学について秋をいうのなら、とうぜん三夕《さんせき》の歌にふれなければならない。

三夕とは『新古今集』巻四、秋の歌の上に並べられた三首の夕ぐれの歌のことだ。作者はまさに『新古今集』の中でも、いずれ劣らぬ名手。その作を同じ主題のままに並べたのは、もちろん意図的な配列である。

さびしさはその色としもなかりけり　槇《まき》立つ山の秋の夕暮《ゆうぐれ》　（注4）寂蓮《じゃくれん》法師

心なき身にもあはれは知られけり　鴫《しぎ》立つ沢の秋の夕暮　西行《さいぎょう》法師

見わたせば花も紅葉もなかりけり　（注5）浦の苫屋《とまや》の秋の夕暮　藤原定家《ふじわらのさだいえ》

『新古今集』はよく知られているように、編集をくり返した歌集である。だからこの三首も、現在のこの形について配列の意図を考えることになるが、さて配列は、(4)まことにみごとだ。

まず三者三様、山、沢、浦と場所をかえて、秋の夕ぐれという同じ季節の同じ時刻を歌う形をとる。日本列島の中で、それぞれの地勢に応じて、秋の夕ぐれはこのようですよと、いってもいい。

それでは山はどうか。槇という土地に直立する木々におおわれた山は、どこといって変哲もないのだが、さて秋の夕ぐれの槇山は寂寥《せきりょう》にみちる。

旅人はあわてる。いったいなぜか、と。しかし見まわしてみても、何がどう寂しさを見せるというのでもない。それが日本の秋の山路の夕景だといわれると、どう思うだろう。

なまじ真っ赤に紅葉した木でもあれば、寂寥はよほど軽くなる。しかし「その色としもない」風景こそが、典型的な山路の夕ぐれの秋なのである。

ついで沢では、渡り鳥の鴫が飛び立つことで秋のあわれが身にせまるという。西行は『新古今集』一番の歌人だし、生得《しょうとく》（生まれつき）の歌人とさえいわれているが「自分は心なき身だ。」と、抒情《じょじょう》に溺れることをいったん拒否する。

この「心なき身」とは僧であることをいうのだろう。その上で「あわれ」と受容することで、「あわれ」はいっそう深まる。

彼をそうさせたものは鴫だという。鳥の上に流浪《るろう》の旅の自画像を重ねていることはいうまでもない。

そして最後が浦である。これは『源氏物語』の中に入りこんだ歌だといわれるが、それを切り離してみると、やはり通常のはなやぎをみせる花、紅葉を否定するところに、新しい発見がある。前の二首の山の槇、沢の鴫に対するものが浦の苫屋である。苫屋など、およそ古来わびしいものと相場がきまっていた。

(5)こうしたものが象徴的な点景としてとり上げられているのも、中世的な秋といってよい。いずれも春、夏、冬にはそぐわない点景のように思えるが、いかがであろう。

また三首に共通することば遣いは、「なかりけり」「なき」「なかりけり」という否定である。秋の風景は否定の言い方と、心の深奥《しんおう》の部分で、無意識的に結びついているのにちがいない。

（中西進《なかにしすすむ》『ことばのこころ』による）

（注1）『紫式部日記』＝紫式部が中宮彰子に仕えた時の見聞や感想を記したもの。

（注2）遣水＝庭に水を引き入れて流れるようにした水路。　（注3）不断の御読経＝一定の期間、昼夜絶え間なくお経を読むこと。

（注4）寂蓮法師＝平安末期から鎌倉初期の歌人。西行法師、藤原定家も同じ。　（注5）浦の苫屋＝海辺にある粗末な小屋。

問1　本文中に、(1)宮廷の女房たちが優雅な生活を楽しむようになり、じゅうぶんな文化の享受者として、かずかずのことばの花を咲かせるようになった。とあるが、その具体例となる文学作品を、次の**ア**から**エ**までの中から一つ選べ。

ア　土佐日記　　**イ**　枕草子　　**ウ**　方丈記　　**エ**　徒然草

問2　『紫式部日記』の本文中に、(2)言はむ方なくをかし。とあるが、その現代語訳として最も適当なものを、次の**ア**から**エ**までの中から一つ選べ。

ア　言いようもないくらい奇妙である。　　**イ**　言うまでもなく笑えて仕方がない。

ウ　言う人がいないのは不思議である。　　**エ**　言い表しようもないくらい趣深い。

問3　本文中の(a)から(d)の「ない」のうち、**他と異なるもの**を、次の**ア**から**エ**までの中から一つ選べ。

ア　さすがという他は(a)ない。　　**イ**　秋の景物が(b)ない。　　**ウ**　しつらえにすぎ(c)ない。　　**エ**　そこにあるにちがい(d)ない。

問4　本文中に、(3)この文章が名文といえる理由はどこにあるのだろう。とあるが、「この文章が名文といえる理由」はどのような点にあるか。その説明として最も適当なものを、次の**ア**から**エ**までの中から一つ選べ。

ア　秋には限定されないさまざまな景物を取り上げながら、全体が一つの生命体として感じられるように秋のけはいを描いている点。

イ　季節や年月などによって変化しないものだけを描くことで、かえって移ろいゆく秋のはかなさを体感させるような文章である点。
ウ　空と風に焦点をしぼりながら、天地宇宙の全体が秋の涼気とともに緊張へと向かう様子を直覚的な認識にもとづき描いている点。
エ　秋という季節にふさわしい景物を次々に描いていくことによって、この国の秋のけはいが十分に感じ取れるような文章である点。

問5　本文中に、(4)まことにみごとだ。とあるが、そう言えるのはなぜか。その説明として最も適当なものを、次の**ア**から**エ**までの中から一つ選べ。

ア　『新古今集』を代表する、寂蓮法師、西行法師、藤原定家という三人の名手の和歌を隣り合うように並べているから。
イ　「秋の夕暮」という同じ季節や時刻を歌いながらも、山、沢、浦など地勢に応じた様々な趣の和歌を並べているから。
ウ　直立する「槇」、飛び立つ「鴫」と、静から動へ題材を配列した後、「浦の苫屋」という静のものを並べているから。
エ　否定の言い方を用いた三首を取り上げて、「なかりけり」、「なき」、「なかりけり」と変化を持たせて並べているから。

問6　本文中に、(5)こうしたものが象徴的な点景としてとり上げられているのも、中世的な秋といってよい。とあるが、「象徴的な点景」とは**言えないもの**を、次の**ア**から**オ**までの中から**二つ**選び、それぞれ解答欄にマークせよ。なお、解答の順番は問わない。

ア　紅葉した木がない秋の夕ぐれの山路　**イ**　沢から今まさに飛び立とうとする鴫　**ウ**　鴫に流浪の自画像を重ねる旅の僧侶
エ　古典に多く用いられている花や紅葉　**オ**　古来わびしいものとされる浦の苫屋

問7　本文中の三夕の歌に共通して用いられている修辞技巧は何か。その組み合わせとして最も適当なものを、次の**ア**から**エ**までの中から一つ選べ。

ア　体言止め・倒置法　**イ**　擬人法・体言止め　**ウ**　掛詞・擬人法　**エ**　倒置法・掛詞

3

次の文章を読んで、後の問いに答えよ。

科学と生命は、実はとても似ている。それはどちらも、その存在を現在の姿からさらに発展・展開させていく性質を内包しているという点においてである。その特徴的な性質を生み出す要点は二つあり、一つは過去の蓄積をきちんと記録する仕組みを持っていること、そしてもう一つはそこから変化したバリエーションを生み出す能力が内在していることである。この二つの特徴が漸進的(注1)な改変を繰り返すことを可能にし、それを長い時間続けることで、生命も科学も大きく発展してきた。

だから、と言って良いのかよく分からないが、科学の歴史を紐《ひも》解けば、たくさんの間違いが発見され、そして消えていった。科学における最高の栄誉とされるノーベル賞を受賞した業績でも、後に間違いであることが判明した例もある。たとえば１９２６年にデンマークのヨハネス・フィビゲルは、世界で初めて「がん」を人工的に引き起こす事に成功したという業績で、ノーベル生理学・医学賞を受賞した。しかし、彼の死後、寄生虫を感染させることによって人工的に誘導したとされたラットの「がん」は、実際には良性の腫瘍であったことや、腫瘍の誘導そのものも寄生虫が原因ではなく、餌のビタミンA欠乏が主因であったことなどが次々と明らかになった。

ノーベル賞を受賞した業績でも、こんなことが起こるのだから、多くの「普通の発見」であれば、誤りであった事例など、実は枚挙に(注2)［　A　］がない。誤り、つまり現実に合わない、現実を説明していない仮説が提出されることは、科学において日常茶飯事であり、２０１３年の『ネイチャー』誌には、医学生物学論文の70%以上で結果を再現できなかったという(1)衝撃的なレポートも出ている。

しかし、そういった(B)玉石混交の科学的知見と称されるものの中でも、現実をよく説明する「適応度の高い仮説」は長い時間の中で批判に耐え、その有用性や再現性故に、後世に残っていくことになる。そして、その仮説の適応度をさらに上げる修正仮説が提出されるサイクルが繰り返される。(2)それはまるで生態系における生物の「適者生存」のようである。ある意味、科学は「生きて」おり、生物のように変化を生み出し、より適応していたものが生き残り、どんどん成長・進化していく。それが最大の長所である。現在の姿が、いかに素晴らしくとも、そこからまったく変化しないものに発展はない。(注3)教条主義に陥らない(注4)〝可塑性〟こそが科学の生命線である。

しかし、このことは「科学が教えるところは、すべて修正される可能性がある」ということを論理的必然性をもって導くことになる。科学の進化し成長するという素晴らしい性質は、その中の何物も「不動の真理」ではない、ということに論理的に帰結してしまうのだ。たとえば夜空の星や何百年に1回しかやってこない彗星《すいせい》の動きまで正確に予測できたニュートン力学さえも、アインシュタインの一般相対性理論の登場により、一部修正を余儀なくされている。法則中の法則とも言える物理法則でさえ修正されるのである。科学の知見が常に不完全ということは、ある意味、科学という体系が持つ構造的な宿命であり、絶え間ない修正により、少しずつより強靭《きょうじん》で真実の法則に近い仮説ができ上がってくるが、それでもそれらは決して１００％の正しさを保証しない。

より正確に言えば、もし１００％正しいところまで修正されていたとしても、それを完全な１００％、つまり科学として「それで終わり」と判定するようなプロセスが体系の中に用意されていない。どんなに正しく見えることでも、それをさらに修正するための努力は、科学の世界では決して否定されない。だから科学的知見には、「正しい」or「正しくない」という二つのものがあるのではなく、その仮説がどれくらい確からしいのかという確度の問題が存在するだけなのである。

では、我々はそのような(3)「原理的に不完全な」科学的知見をどう捉えて、どのように使っていけば良いのだろうか？　一体、何が信じるに足るもので、何を頼りに行動すれば良いのだろう？　優等生的な回答をするなら、より正確な判断のために、対象となる科学的知見の確からしさに対して、正しい認識を持つべきだ、ということになるのだろう。

「科学的な知見」という大雑把なくくりの中には、それが基礎科学なのか、応用科学なのか、成熟した分野のものか、まだ成長過程にあるような分野なのか、あるいはどんな手法で調べられたものなのかなどによって、確度が大きく異なったものが混在している。ほぼ例外なく現実を説明できる非常に確度の高い法則のようなものから、その事象を説明する多くの仮説のうちの一つに過ぎないような確度の低いものまで、幅広く存在している。それらの確からしさを正確に把握して峻別《しゅんべつ》（注5）していけば、少なくともより良い判断ができるはずである。

[a]、近年、医学の世界で提唱されているevidence-based medicine（ＥＢＭ）という考え方では、そういった科学的知見の確度の違いを分かりやすく指標化しようとする試みが行われている。これは医学的な知見（エビデンス）を、調査の規模や方法、また分析手法などによって、階層化して順位付けし、臨床判断の参考にできるように整備することを一つの目標としている。同じ科学的な知見と言っても、より信頼できるデータはどれなのかを判断する基準を提供しようとする、意欲的な試みと言えるだろう。

[b]、こういった非専門家でも理解しやすい情報が、どんな科学的知見に対しても公開されている訳ではもちろんないし、科学的な情報の確度というものを単純に調査規模や分析方法といった画一的な視点で判断して良いのか、ということにも、実際は深刻な議論がある。一つの問題に対して専門家の間でも意見が分かれることは非常に多く、そのような問題を非専門家が完全に理解し、それらを統合して専門家たちを上回る判断をすることは、現実的には相当に困難なことである。

こういった科学的知見の確度の判定という現実的な困難さに忍び寄って来るのが、いわゆる権威主義である。たとえばノーベル賞を取ったから、『ネイチャー』に載った業績だから、有名大学の教授が言っていることだから、といった権威の高さと情報の確度を同一視して判断するというやり方だ。この手法の利点は、なんと言っても分かりやすいことで、現在の社会で「科学的な根拠」の確からしさを判断する方法として採用されているのは、この権威主義に基づいたものが主であると言わざるを得ないだろう。

[c]こういった権威ある賞に選ばれたり、権威ある雑誌に論文が掲載されるためには、多くの専門家の厳しい審査があり、それに耐えてきた知見はそうでないものより強靭さを持っている傾向が一般的に認められることは、間違いのないことである。また、科学に限らず、音楽家であろうが、塗師《ぬし》（注6）であろうが、ヒヨコ鑑定士であろうが、専門家は非専門家よりもその対象をよく知っている。だから、何事に関しても専門家の意見は参考にすべきである。それも間違いない。多少の不具合はあったとしても、どんな指標も万能ではないし、権威主義による判断も分かりやすくある程度、役に立つなら、それで十分だという考え方もあろうかと思う。

しかし、なんと言えばよいのだろう。かつてアインシュタインは「何も考えずに権威を敬うことは、真実に対する最大の敵である」と述べたが、この権威主義による言説の確度の判定という手法には、どこか拭い難い危うさが感じられる。それは人の心が持つ弱さと言えばいいのか、人の心理というシステムが持つバグ(注7)、あるいはセキュリティーホール(注8)とでも言うべき弱点と関連した危うさである。端的に言えば、人は権威にすがりつき安心してしまいたい、そんな心理をどこかに持っているのではないかと思うのだ。拠《よ》りどころのない「分からない」という不安定な状態でいるよりは、とりあえず何かを信じて、その不安から逃れてしまいたいという指向性が、心のどこかに潜んでいる。権威主義は、そこに忍び込む。

そして行き過ぎた権威主義は、科学そのものを社会において特別な位置に置くことになる。(4)「神託を担う科学」である。倒錯した権威主義の最たるものが、科学に従事している研究者の言うことなら正しい、というような誤解であり、また逆に科学に従事する者たちが、非専門家からの批判は無知に由来するものとして、聖典の寓言《ぐうげん》(注9)のような専門用語や科学論文の引用を披露することで、高圧的かつ一方的に封じ込めてしまうようなことも、「科学と社会の接点」ではよく見られる現象である。

こういった人の不安と権威という構図は、宗教によく見られるものであり、「科学こそが、最も新しく、最も攻撃的で、最も教条的な宗教的制度」というポール・カール・ファイヤアーベントの言は、示唆に富んでいる。「権威が言っているから正しい」というのは、本質的に妄信的な考え方であり、いかに美辞を弄しようと、とどのつまりは何かにしがみついているだけなのだ。

(中屋敷均《なかやしきひとし》『科学と非科学』による)

(注1) 漸進＝段階を追って少しずつ進むこと。　(注2) 『ネイチャー』誌＝英国の科学雑誌。
(注3) 教条主義＝特定の考え方を絶対的なものとして機械的に適用しようとする立場。　(注4) 可塑性＝自在に変化することのできる性質。
(注5) 峻別＝厳しく区別すること。　(注6) 塗師＝漆器などの製造に従事する職人。塗り師。
(注7) バグ＝コンピュータのプログラムなどにある欠陥。　(注8) セキュリティーホール＝システムの安全機能上の欠陥。
(注9) 寓言＝教訓を述べるためのたとえ話。

問1　空欄 [A] に入る語として適当なものを、次の**ア**から**オ**までの中から一つ選べ。

ア ひま　**イ** いとま　**ウ** かぎり　**エ** きり　**オ** はてし

問2　本文中の、(B)玉石混交 の意味として最も適当なものを、次の**ア**から**エ**までの中から一つ選べ。

2020(R2) 国立高専

K 教英出版

1 次の各問いに答えなさい。

(1) $\dfrac{1}{\sqrt{3}} \div \left(-\dfrac{1}{2}\right)^2 - \sqrt{6} \times \dfrac{\sqrt{2}}{4}$ を計算すると $\dfrac{\boxed{\text{ア}}\sqrt{\boxed{\text{イ}}}}{\boxed{\text{ウ}}}$ である。

(2) x についての2次方程式 $x^2 + ax - 6 = 0$ の解の1つが-3であるとき，a の値は $\boxed{\text{エ}}$ であり，もう1つの解は $\boxed{\text{オ}}$ である。

(3) 関数 $y = -\dfrac{1}{4}x^2$ について，x の値が-3から7まで増加するときの変化の割合は $\boxed{\text{カキ}}$ である。

(4) 右の図のように，関数 $y = ax^2$ のグラフ上に2点A，Bがあり，関数 $y = -x^2$ のグラフ上に2点C，Dがある。線分ABと線分CDは x 軸に平行である。A，Dの x 座標はそれぞれ2，1であり，台形ABCDの面積は11である。このとき，$a = \dfrac{\boxed{\text{ク}}}{\boxed{\text{ケ}}}$ である。ただし，$a > 0$ である。

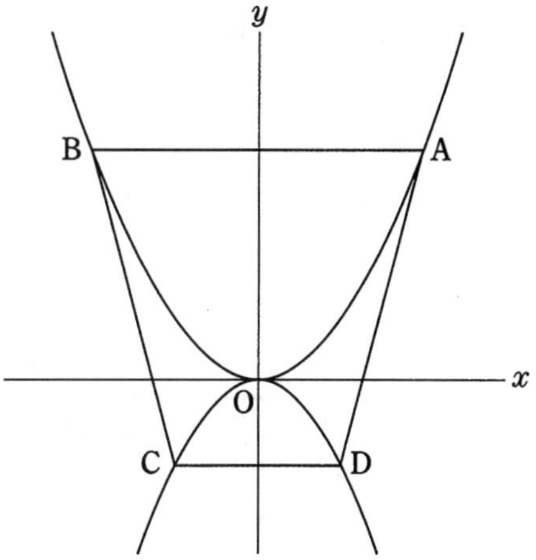

［計算用紙］

(5) 箱の中に，1，2，3，4，5，6の数字を1つずつ書いた6枚のカードが入っている。この箱の中から，カードを同時に2枚取り出すとき，この2枚のカードの数字の和が素数となる確率は $\frac{\boxed{\text{コ}}}{\boxed{\text{サシ}}}$ である。ただし，どのカードが取り出されることも同様に確からしいものとする。

(6) 下の図は，ある中学3年生40人が行った10点満点の試験の点数をヒストグラムで表したものである。平均値を x，中央値（メジアン）を y，最頻値（モード）を z とするとき，x，y，z の関係を正しく表している不等式を，下のⓐからⓕまでの中から選ぶと $\boxed{\text{ス}}$ である。

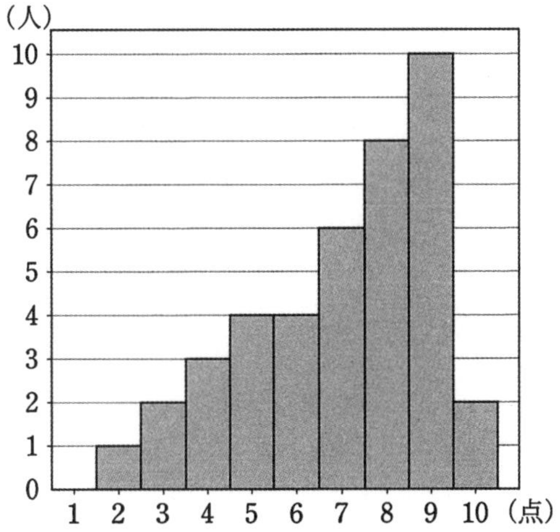

ⓐ $x < y < z$	ⓑ $x < z < y$	ⓒ $y < x < z$
ⓓ $y < z < x$	ⓔ $z < x < y$	ⓕ $z < y < x$

[計 算 用 紙]

(7) 右の図において，△ABC の辺 AB，AC の中点をそれぞれ D，E とする。線分 BC 上に BF：FC＝1：3 となる点 F をとり，線分 AF と線分 DE の交点を G とする。このとき，△ADG の面積を S，四角形 EGFC の面積を T として S：T を最も簡単な自然数比で表すと［セ］：［ソ］である。

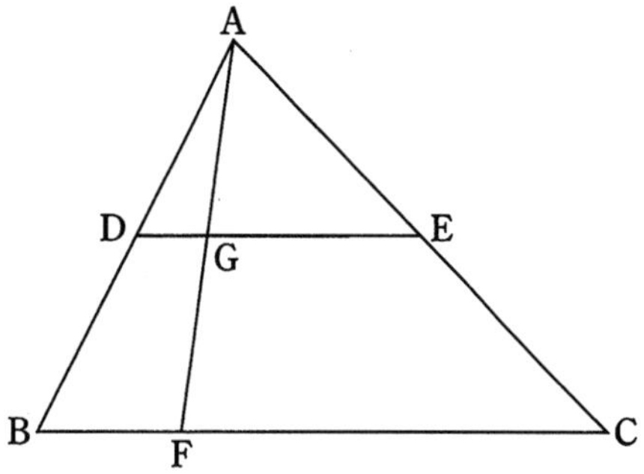

(8) 右の図のように，AB＝6 cm，BC＝8 cm の長方形 ABCD を底面とし，OA＝OB＝OC＝OD の四角錐がある。この四角錐の体積が 192 cm^3 であるとき，OA＝［タチ］cm である。

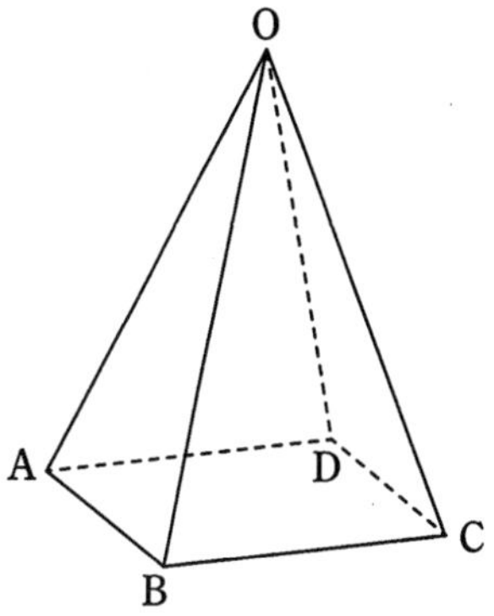

[計 算 用 紙]

2 Aさんと B さんは，公園内にある P 地点と Q 地点を結ぶ 1 km のコースを走った。下の図は，Aさんと B さんがそれぞれ 9 時 x 分に P 地点から y km 離れているとして，グラフに表したものである。

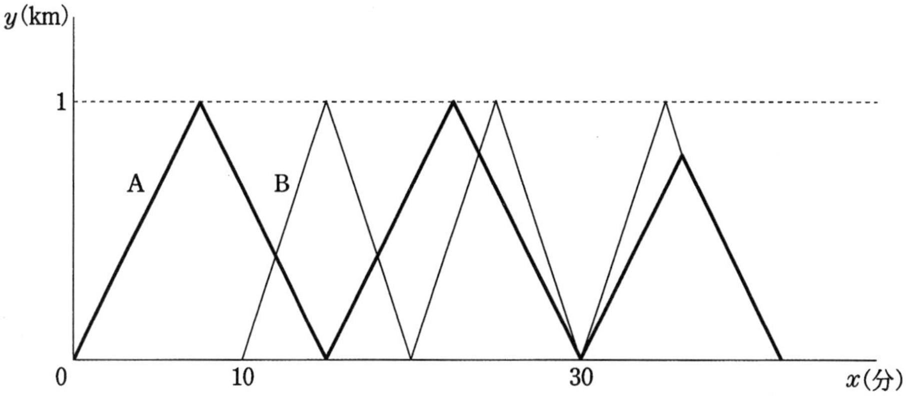

• 9 時から 9 時 30 分まで

　A さんは 9 時に P 地点を出発し，一定の速さで走った。そして P 地点と Q 地点の間を 2 往復し，9 時 30 分に P 地点に戻った。

　B さんは 9 時 10 分に P 地点を出発し，A さんより速い一定の速さで走った。そして P 地点と Q 地点の間を 2 往復し，9 時 30 分に A さんと同時に P 地点に戻った。

• 9 時 30 分より後

　9 時 30 分に 2 人は同時に，それぞれそれまでと同じ速さで P 地点を出発した。

　B さんは Q 地点で折り返して，A さんと出会ってからは A さんと同じ速さで走って P 地点に戻った。

　A さんは B さんと出会うと，そこから引き返し，それまでと同じ速さで B さんと一緒に走って同時に P 地点に戻った。そこで，2 人は走り終えた。

令和２年度入学者選抜学力検査問題

英　　　語　（50分）

（配　点）	1	10点	2	15点	3	21点	4	18点	5	15点	6	21点

（注 意 事 項）

1　問題冊子は指示があるまで開かないこと。

2　問題冊子は１ページから８ページまである。検査開始の合図のあとで確かめること。

3　検査中に問題冊子の印刷不鮮明，ページの落丁･乱丁及び解答用紙の汚れ等に気づいた場合は，静かに手を高く挙げて監督者に知らせること。

4　解答用紙に氏名と受検番号を記入し，受検番号と一致したマーク部分を塗りつぶすこと。受検番号が「0（ゼロ）」から始まる場合は，0（ゼロ）を塗りつぶすこと。

5　解答には，必ずＨＢの**黒鉛筆**を使用すること。なお，解答用紙に必要事項が正しく記入されていない場合，または解答用紙に記載してある「マーク部分塗りつぶしの見本」のとおりにマーク部分が塗りつぶされていない場合は，解答が無効になることがある。

6　一つの解答欄に対して複数のマーク部分を塗りつぶしている場合，または指定された解答欄以外のマーク部分を塗りつぶしている場合は，有効な解答にはならない。

7　解答を訂正するときは，きれいに消して，消しくずを残さないこと。

1 次の各組の英文がほぼ同じ意味を表すように，（　A　）と（　B　）に入れるのに最も適当な組み合わせをア～エの中から一つずつ選びなさい。

1．What is your （　A　） movie?
What is the movie you （　B　） the best?

	ア	イ	ウ	エ
(A)	best	interesting	happy	favorite
(B)	raise	want	read	like

2．September （　A　） August.
August comes （　B　） September.

	ア	イ	ウ	エ
(A)	continues	follows	comes	jumps
(B)	between	before	after	next

3．When I （　A　） the news, I was very happy.
The news （　B　） me happy.

	ア	イ	ウ	エ
(A)	heard	knew	read	watched
(B)	made	used	studied	lived

4．Mary doesn't want to leave Japan （　A　） visiting Kyoto.
Mary wants to visit Kyoto （　B　） she is in Japan.

	ア	イ	ウ	エ
(A)	while	in	without	before
(B)	without	before	while	until

5．I'd like to live in a house （　A　） has a large kitchen.
I'd like to live in a house （　B　） a large kitchen.

	ア	イ	ウ	エ
(A)	that	who	which	this
(B)	on	in	with	at

2 次の１～５の会話文の（　　）に入る適切なものを，ア～エの中から一つずつ選びなさい。

1．A：Yesterday a man asked me in English where the bus stop was.

B：(　　　　　　　)

A：I tried. Actually, he understood a little Japanese.

ア　Where was he from?　　イ　Did you answer in English?

ウ　When did you meet him?　　エ　Did he come from the station?

2．A：Hello. This is Emma. Can I speak to Mary, please?

B：I think（　　　　　　　）. There is no one named Mary here.

A：Oh, I'm sorry.

ア　she will be busy　　イ　you are welcome

ウ　she just came back　　エ　you have the wrong number

3．A：I want to go to the movie today.

B：Well, it's so nice outside. Let's go to the beach. We can go to the movie tomorrow.

A：(　　　　　　　) because the movie is going to finish today.

ア　Let's go to the beach　　イ　I can't wait until tomorrow

ウ　Let's go to the movie tomorrow　　エ　We can't go to the park tomorrow

4．A：Jane will return to our soccer team tomorrow.

B：That's good. How long was she in the hospital?

A：Well,（　　　　　　　）. I'm not sure when she got out.

B：Did you visit her?

ア　she broke her leg about two months ago　　イ　she came from Canada

ウ　she was good at playing soccer　　エ　she became a doctor

5．A：Have you been to the new restaurant?

B：Yes. The pizza there was very good. Have you been there?

A：No, but（　　　　　　　）. I'm looking forward to it.

ア　I didn't know it was a new shop　　イ　I ate pizza there with my family last week

ウ　I don't like their food at all　　エ　I will go there with my sister next Sunday

3 次の文章をよく読んで，後の問いに答えなさい。

John and Mary got married forty years ago. They lived together in a big house in London. However, they felt that they didn't need (1) a large house. They began to think they should move to a smaller one. Then they found a good house on the next street and they (2) to buy it. John called a moving company and asked them to take all the furniture to the new house.

There was a very tall and beautiful old clock in the living room of their house. The clock was very special for John because he bought it when he got married. He and his wife loved the clock and enjoyed (3) to the beautiful sound of its bell. The clock was as tall as John and was more than 30 kg. He planned to put it in the living room of their new house.

When the men from the moving company came, John thought, "Oh, they look very busy. I'm (4) they won't carry my special clock carefully. They may break it! I will carry it by myself." So he held the clock in his arms and began to walk to the new house.

The clock was so big and heavy (5) he had to stop many times to have a rest. When he turned a corner, a small boy came along the street. The boy looked at him and began to laugh. The boy said to John, "Hey, why don't you buy a (6) to know the time?"

(注) move 引っ越す　moving company 引っ越し業者　furniture 家具
living room 居間　carefully 慎重に，注意して　have a rest 一休みする

問1 本文中の（1）～（6）に入れるのに適切なものを，ア～エの中から一つずつ選びなさい。

(1)	ア much	イ so	ウ such	エ very
(2)	ア decided	イ forgot	ウ kept	エ learned
(3)	ア listen	イ listened	ウ listening	エ to listening
(4)	ア afraid	イ glad	ウ going	エ happy
(5)	ア that	イ these	ウ they	エ those
(6)	ア company	イ house	ウ street	エ watch

問2 本文の内容と合うものを次のア～オの中から一つ選びなさい。

ア John wants to live in the new house with his daughter.

イ John took all the furniture to the new house by himself.

ウ John wanted the men from the moving company to break his clock.

エ The small boy thought that John was carrying the clock to know the time.

オ It was easy for John and the men from the moving company to carry the clock together.

4 次の1～6の会話文の（　　）内の語句を並べ替え，それぞれの文を完成しなさい。解答は，<u>（　　）内において**3番目**と**5番目**にくるもの</u>の記号を選びなさい。なお，文頭にくる語も小文字で書かれています。

1．A：What is that old building?

B：That is（ア a hotel　イ built　ウ century　エ in　オ eighteenth　カ the）.

A：Really? I'd like to stay there someday.

2．A：Is your basketball team going to join the tournament next month?

B：Yes,（ア each　イ must　ウ of　エ practice　オ to　カ us）win the tournament. We are practicing for three hours every day.

A：Wow! You are practicing a lot.

3．A：（ア do　イ know　ウ playing　エ the girl　オ the piano　カ you）on the stage?

B：Yes, she is Kate. She is my classmate.

4．A：You and Bill are good friends.

B：Yes. He was（ア me　イ person　ウ spoke　エ the first　オ to　カ who）in this class. He is very kind and helpful.

5．A：Do you know（ア has　イ hospitals　ウ how　エ many　オ our　カ town）?

B：I think there are five or six.

6．A：Your shirt is very nice. It looks very expensive.

B：No, it was only ten dollars.

A：Really? I（ア fifty dollars　イ it　ウ more　エ or　オ thought　カ was）.

5 次の文章と図は，ある学校のクラス対抗球技大会（sports festival）に関するものです。これらをよく読んで，後の問いに答えなさい。なお，解答に際しては，問題文と図にある事実以外を考慮する必要はありません。

Takashi is a junior high school student. There are five classes in his school. Mayumi is Takashi's classmate. She is one of the fourteen girls in her class. Kenji, Hiroshi, and Yuri are their friends but not their classmates.

One day, a sports festival was held at their school. They had soccer, basketball, volleyball, and softball tournaments. All the students in each class chose one of the four sports and took part in the games.

Takashi was a member of the soccer team. His team had seven boys and four girls. In his first game, his team played against Kenji's team and won the game. The next game for Takashi's team was the final game. Hiroshi's soccer team won the first game, but they did not play against Takashi's team in the tournament. The diagram shows the results.

Mayumi took part in the basketball tournament. The number of boys and the number of girls on her team was the same. The opponent for their first game was Yuri's team. Mayumi's team got twelve points in the first ten minutes and there was a difference of eight points between the two teams at that time. After that, each team got another twelve points and the game ended. Yuri's team won. Her team won another two games after the game against Mayumi's team.

The volleyball team of Takashi's class had seven girls and no boys. There were nine boys and no girls on the softball team of Takashi's class.

（注）final game 決勝戦　　diagram 図　　result 結果　　opponent 対戦相手

（例）太線は「勝ち上がり」を表す。下の表では、チームＳはチームＲに勝ち、次の試合でチームＴに負けたことを表す。チームＴは次の試合でチームＰに勝って優勝した。

令和2年度入学者選抜学力検査問題

理　　科

（50分）

（配　点）	1　15点	2　12点	3　17点	4　12点
	5　14点	6　14点	7　16点	

（注 意 事 項）

1　問題冊子は指示があるまで開かないこと。

2　問題冊子は1ページから14ページまである。検査開始の合図のあとで確かめること。

3　検査中に問題冊子の印刷不鮮明，ページの落丁･乱丁及び解答用紙の汚れ等に気づいた場合は，静かに手を高く挙げて監督者に知らせること。

4　解答用紙に氏名と受検番号を記入し，受検番号と一致したマーク部分を塗りつぶすこと。受検番号が「0（ゼロ）」から始まる場合は，0（ゼロ）を塗りつぶすこと。

5　解答には，必ずＨＢの**黒鉛筆**を使用すること。なお，解答用紙に必要事項が正しく記入されていない場合，または解答用紙に記載してある「マーク部分塗りつぶしの見本」のとおりにマーク部分が塗りつぶされていない場合は，解答が無効になることがある。

6　一つの解答欄に対して複数のマーク部分を塗りつぶしている場合，または指定された解答欄以外のマーク部分を塗りつぶしている場合は，有効な解答にはならない。

7　解答を訂正するときは，きれいに消して，消しくずを残さないこと。

8　定規，コンパス，ものさし，分度器及び計算機は用いないこと。

9　問題の文中の アイ ， ウ などには，特に指示がないかぎり，数字（0～9）が入り，ア，イ，ウの一つ一つは，これらのいずれか一つに対応する。それらを解答用紙のア，イ，ウで示された解答欄に，マーク部分を塗りつぶして解答すること。

10　解答は指定された形で解答すること。例えば，解答が0.415となったとき， ウ . エオ ならば，小数第3位を四捨五入して0.42として解答すること。

11　「正しいものを三つ選べ」など，一つの問題で複数の解答を求められる場合は，一つの解答欄につき選択肢を一つだけ塗りつぶすこと。

例　「ウ」，「オ」，「ケ」を塗りつぶす場合

問1	㋐	㋑	●	㋓	㋔	㋕	㋖	㋗	㋘	㋙
	㋐	㋑	㋒	㋓	●	㋕	㋖	㋗	㋘	㋙
	㋐	㋑	㋒	㋓	㋔	㋕	㋖	㋗	●	㋙

この場合，「ウ」，「オ」，「ケ」の順番は関係ありません。

1　下の問1，問2に答えよ。

問1　けいこさんは，電気抵抗，電源装置とスイッチSを用意して電気回路を作った。この実験で使用するスイッチSは，回路を流れる電流が0.30 Aより大きくなると，自動的に開く仕組みを持っている。電源装置の電圧を3.0 Vにして，スイッチSを閉じてから，以下の実験1と実験2を行った。下の1，2に答えよ。

実験1　図1のように，抵抗値が2.0 Ωの電気抵抗と抵抗Rを直列につなぎ，スイッチSが開くかどうかを実験した。抵抗Rの大きさは，3.0 Ω，5.0 Ω，7.0 Ω，9.0 Ωのどれかである。

実験2　図2のように，抵抗値が30 Ωの電気抵抗と抵抗Rを並列につなぎ，スイッチSが開くかどうかを実験した。抵抗Rの大きさは，10 Ω，20 Ω，30 Ω，40 Ωのどれかである。

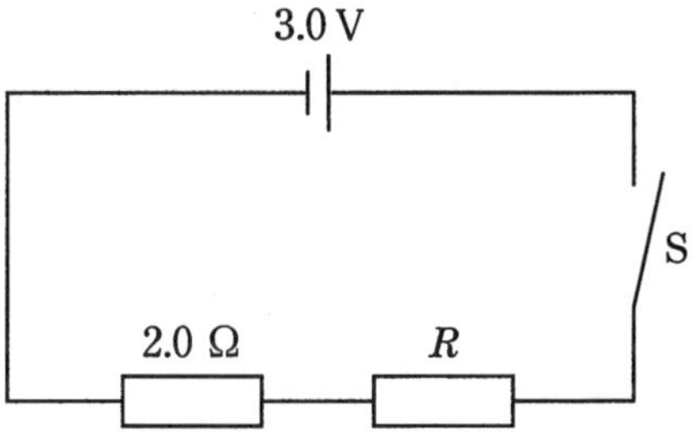

図1

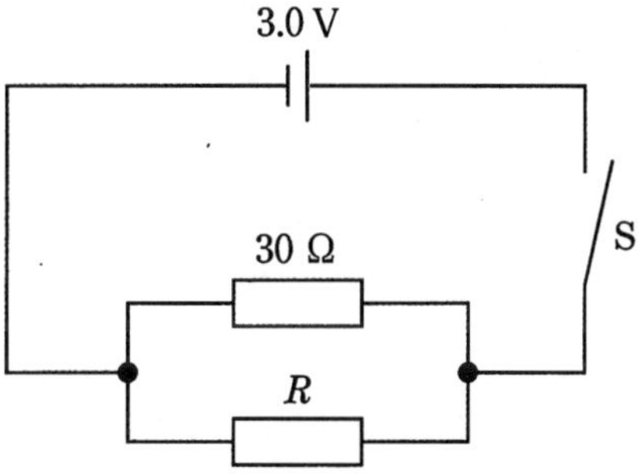

図2

1　実験1において，抵抗Rの大きさについて，スイッチSが開く場合は○，開かない場合は×としたとき，正しい組み合わせを次のアからオの中から選べ。

	3.0 Ω	5.0 Ω	7.0 Ω	9.0 Ω
ア	○	○	○	○
イ	○	○	○	×
ウ	○	○	×	×
エ	○	×	×	×
オ	×	×	×	×

2　実験２において，抵抗 R の大きさについて，スイッチＳが開く場合は○，開かない場合は×としたとき，正しい組み合わせを次のアからオの中から選べ。

	10 Ω	20 Ω	30 Ω	40 Ω
ア	○	○	○	○
イ	○	○	○	×
ウ	○	○	×	×
エ	○	×	×	×
オ	×	×	×	×

問２　かおりさんが留学している国では，コンセントから供給される電源の電圧が 250 V である。かおりさんは留学先の家庭で，消費電力が 1500 W のエアコン，1250 W の電子レンジ，750 W の掃除機を使用する。かおりさんの過ごす部屋では，電流の合計が 10 A より大きくなると，安全のために電源が遮断され，電気器具が使えなくなる。次の１，２に答えよ。

1　電力について，正しく述べている文を，次のアからオの中から２つ選べ。

ア　電力は，１秒間に消費された電気エネルギーに，使用時間をかけたものを表す。
イ　電力は，１秒間あたりに消費される電気エネルギーを表す。
ウ　電力の大きさは，電気器具にかかる電圧と流れる電流の大きさの和で表される。
エ　電力の大きさは，電気器具にかかる電圧と流れる電流の大きさの積で表される。
オ　電力の大きさは，電気器具を流れる電流が一定のとき，かかる電圧の大きさに反比例する。

2　次の①から④について，かおりさんの過ごす部屋で使うことができる場合は○，使うことができない場合は×をそれぞれ選べ。

①　エアコンと電子レンジを同時に使用する。
②　エアコンと掃除機を同時に使用する。
③　電子レンジと掃除機を同時に使用する。
④　エアコンと電子レンジと掃除機を同時に使用する。

2 消化について次の実験を行った。下の問1から問3に答えよ。

実験

① 試験管A，Bを用意し，表のように溶液を入れて40℃で10分間保った。

② それぞれの試験管から溶液をとり，試薬を用いてデンプンとデンプンの分解物（デンプンが分解されてできたもの）の有無を調べた。

表

試験管	溶　液	試薬X	試薬Y
A	1%デンプン溶液2mL＋水2mL	×	○
B	1%デンプン溶液2mL＋だ液2mL	○	×

○：反応あり，×：反応なし

問1 この実験に関連して，正しいことを述べている文を次のアからカの中から2つ選べ。

ア 試薬Xはヨウ素液である。

イ 試験管Aにはデンプンの分解物が含まれていた。

ウ だ液に含まれる消化酵素は温度が高くなるほどよくはたらく。

エ だ液に含まれる消化酵素をリパーゼという。

オ だ液に含まれる消化酵素と同じはたらきをする消化酵素は，すい液にも含まれている。

カ デンプンの最終分解物は小腸で吸収されて毛細血管に入る。

問2 この実験について，友人と次のような会話をした。空欄（1），（2）にあてはまる文として適当なものを，下のアからエの中からそれぞれ選べ。

友　人「この実験からいえることは，40℃にすると，だ液がデンプンの分解物に変化する，ということ？」

わたし「それは違うと思うな。こういう実験をすればはっきりするよ。
新しい試験管に（ 1 ）を入れて40℃で10分間保った後，試験管の液にデンプンとデンプンの分解物があるかを調べよう。（ 2 ），だ液がデンプンの分解物に変化したのではない，といえるよね。」

（1）の選択肢

ア 1%デンプン溶液4mL

イ だ液2mLと1%ブドウ糖水溶液2mL

ウ だ液2mLと水2mL

エ 水4mL

（2）の選択肢

ア デンプンが検出されれば

イ デンプンが検出されなければ

ウ デンプンの分解物が検出されれば

エ デンプンの分解物が検出されなければ

問３　図はヒトの体内の器官の一部を模式的に表したものである。下の１から３にあてはまる器官を図中のアからクの中からそれぞれ選べ。なお，同じ選択肢を選んでもよい。

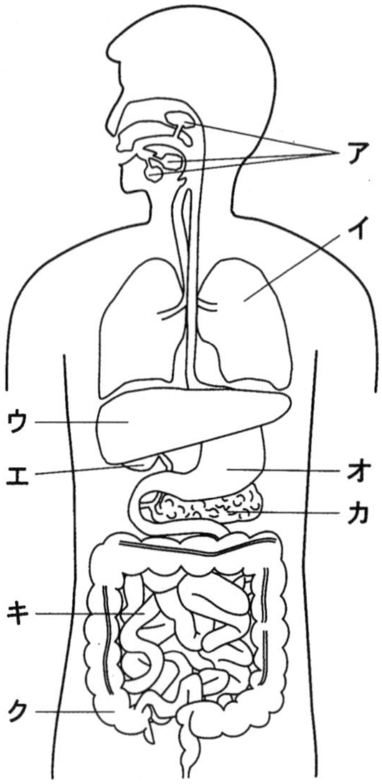

図

1　ペプシンを含む酸性の消化液を出す器官

2　消化酵素を含まないが，脂肪の消化を助ける液を出す器官

3　ブドウ糖をグリコーゲンに変えて蓄える器官

3 図1はヒトの目のつくり，図2はヒトの耳のつくりを表している。ヒトの感覚器官と，それに関連する実験について，下の問1から問4に答えよ。

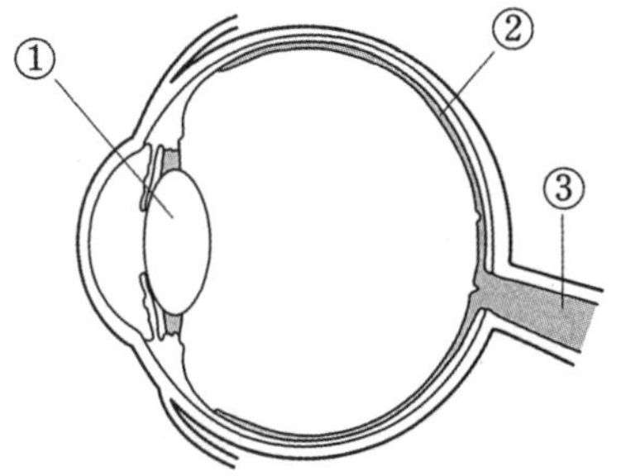

図1

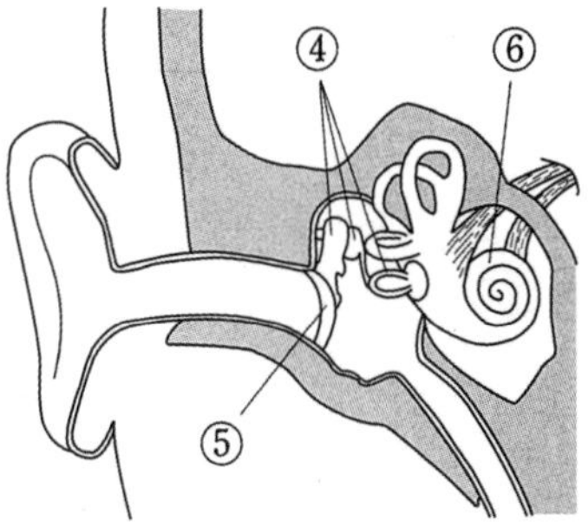

図2

問1　①から⑥のそれぞれの部位の名称を，次のアからクの中から選べ。

ア　うずまき管　　イ　ガラス体　　ウ　虹彩《こうさい》　　エ　鼓膜《こまく》　　オ　耳小骨《じしょうこつ》

カ　神経　　キ　網膜《もうまく》　　ク　レンズ（水晶体）

問2　図3のように装置を配置すると，スクリーンに像が映った。厚紙には矢印の形の穴が空いており，電球の光を通すようになっている。図1の①から③に対応するものは，図3の中のどれか。次のアからカの中から選べ。

ア　電球

イ　厚紙

ウ　凸レンズ

エ　スクリーン

オ　光学台

カ　対応するものはない

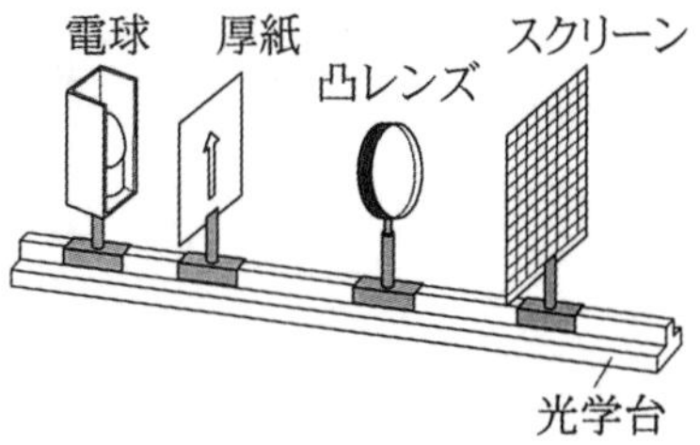

図3

問3　目の構造は，図4のようにしばしばカメラの構造に例えられる。物がはっきり映るために，カメラと目のピントを調整する仕組みとして，正しい組み合わせを次のアからエの中から選べ。

	カメラのピント調整	目のピント調整
ア	レンズの位置を前後させる	レンズの位置を前後させる
イ	レンズの位置を前後させる	レンズの焦点距離を変える
ウ	レンズの焦点距離を変える	レンズの位置を前後させる
エ	レンズの焦点距離を変える	レンズの焦点距離を変える

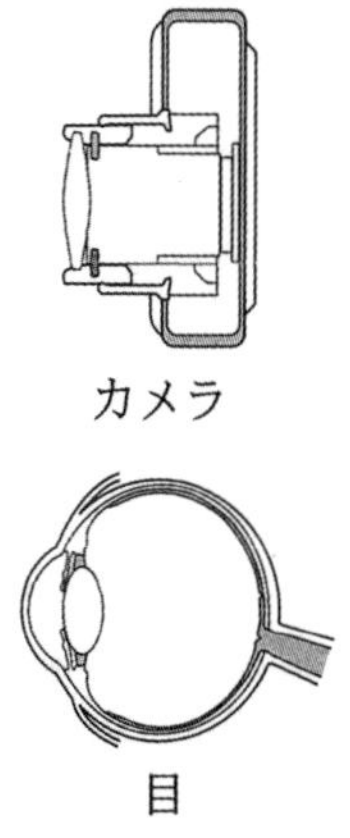

図4

問4　図3の装置と光の進み方を模式的に表したものを図5に示す。凸レンズの左側に矢印(**PQ**)があり，レンズの位置を調整すると，スクリーン上に像（**P′Q′**）が映った。このとき，点**Q**から出た光は点**Q′**に集まっている。a はレンズから矢印までの距離を，b はレンズから像までの距離を，f はレンズの焦点距離を表す。この関係から焦点距離 f を求めるとき，次の文の空欄（1）から（5）にあてはまるものとして適当なものを，各選択肢の中から選べ。

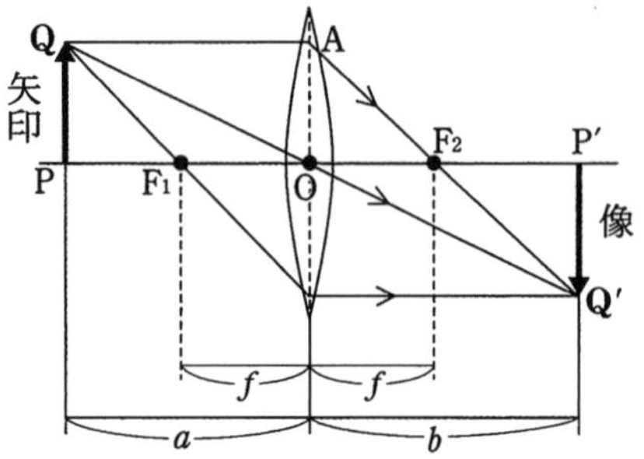

図5

⊿**PQO**と⊿**P′Q′O**は，互いに（ 1 ）の関係にあり，映った像**P′Q′**は（ 2 ）である。**PQ**：**P′Q′**は（ 3 ）である。同様に，⊿$\mathbf{P'Q'F_2}$と⊿$\mathbf{OAF_2}$は，互いに（ 1 ）の関係にあり，**OA**：**P′Q′**は（ 4 ）である。**PQ** = **OA**より，（ 3 ） = （ 4 ）である。これより f = （ 5 ）が言える。

（1），（2）の選択肢

ア　実像　　イ　虚像　　ウ　焦点　　エ　合同　　オ　相似

（3）の選択肢

ア　$a:b$　　イ　$b:a$　　ウ　$a:f$　　エ　$f:a$　　オ　$b:f$　　カ　$f:b$

（4）の選択肢

ア　$a:b$　　イ　$b:a$　　ウ　$(a-f):f$

エ　$f:(a-f)$　　オ　$f:(b-f)$　　カ　$(b-f):f$

（5）の選択肢

ア　$\dfrac{ab}{a+b}$　　イ　$\dfrac{a^2}{a+b}$　　ウ　$\dfrac{b^2}{a+b}$　　エ　$\dfrac{ab}{a-b}$　　オ　$\dfrac{a^2}{a-b}$　　カ　$\dfrac{b^2}{a-b}$

4 ある日に大きな地震が発生し，震源から数百 km の範囲で地震の揺れが観測された。図１の地点Ａから地点Ｄではこの地震による地震波を観測した。図１に示された範囲内は全て同じ標高で，点線は 10 km おきにひいてある。この地震で，地震波であるＰ波の速さは 6.0 km/s，Ｓ波の速さは 4.0 km/s，震源の深さ（震源から震央までの距離）は 30 km であった。地震波が到達するまでの時間と震源からの距離の関係を図２に，地震発生から地震波が各地点に到達するまでの時間と震央からの距離を表に示した。後の問１から問４に答えよ。

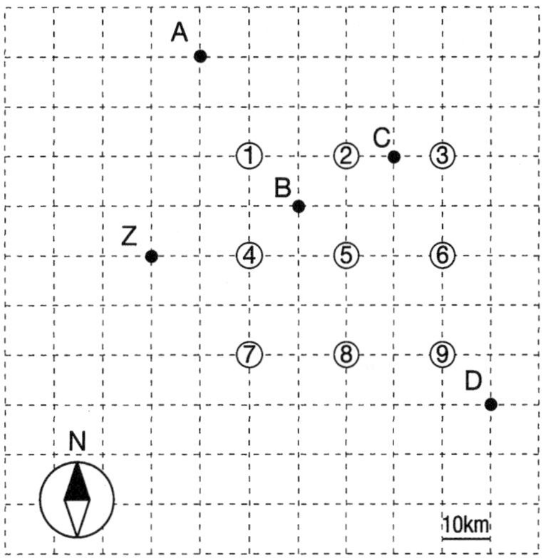

図１

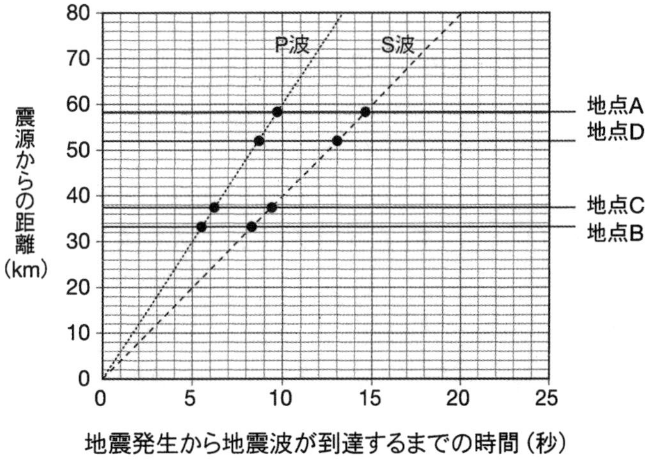

図２

令和２年度入学者選抜学力検査問題

社　　会

(50分)

(配　点)	1　16点	2　12点	3　8点	4　8点
	5　12点	6　16点	7　12点	8　16点

(注意事項)

1　問題冊子は指示があるまで開かないこと。

2　問題冊子は１ページから14ページまである。検査開始の合図のあとで確かめること。

3　検査中に問題冊子の印刷不鮮明，ページの落丁・乱丁及び解答用紙の汚れ等に気づいた場合は，静かに手を高く挙げて監督者に知らせること。

4　解答用紙に氏名と受検番号を記入し，受検番号と一致したマーク部分を塗りつぶすこと。受検番号が「0（ゼロ）」から始まる場合は，0（ゼロ）を塗りつぶすこと。

5　解答には，必ずＨＢの**黒鉛筆**を使用すること。なお，解答用紙に必要事項が正しく記入されていない場合，または解答用紙に記載してある「マーク部分塗りつぶしの見本」のとおりにマーク部分が塗りつぶされていない場合は，解答が無効になることがある。

6　一つの解答欄に対して複数のマーク部分を塗りつぶしている場合，または指定された解答欄以外のマーク部分を塗りつぶしている場合は，有効な解答にはならない。

7　解答を訂正するときは，きれいに消して，消しくずを残さないこと。

1 問1から問4までの各問いに答えよ。

問1 次の**表1**は，ヨーロッパ，アフリカ，オセアニア，アジア各州の人口密度と人口高齢化率※を示したものである。**表1**の**a**から**c**は，ヨーロッパ，アフリカ，オセアニア各州のいずれかである。州の組み合わせとして正しいものを，下の**ア**から**カ**のうちから一つ選べ。

表1　各州の人口密度と人口高齢化率

	a	b	c	アジア州
人口密度（2018年）（人／km²）	5	34	43	146
人口高齢化率（2018年）（%）	12.5	18.6	3.5	8.4

※　人口高齢化率は，65歳以上人口の全人口に占める割合である。
（『日本国勢図会 2019/20年版』，『世界国勢図会 2018/19年版』より作成）

	ア	イ	ウ	エ	オ	カ
ヨーロッパ州	a	a	b	b	c	c
アフリカ州	b	c	a	c	a	b
オセアニア州	c	b	c	a	b	a

問2 下の**図1**の**ア**から**エ**は，フランス（2016年），日本（2017年），中国（2016年），インド（2011年）のいずれかの人口ピラミッドである。次の**説明文**を参考にして，**フランス**の人口ピラミッドを下の**図1**の**ア**から**エ**のうちから一つ選べ。

説明文

・　フランスは，欧米諸国のなかでも比較的早く人口減少が始まったため，出生率の低下を抑える政策を進め，低下に歯止めをかけることに成功した。

・　日本は，40年ほど前から出生率が減少傾向にあり，現在は人口を一定に保つ水準を下回っている。

・　中国は，1970年代末から一人っ子政策で人口増加の抑制を試みたが，年代別人口構成はいびつな形になってしまった。

・　インドは，最近では出生率が抑えられつつあるが，依然として他国と比べて出生率・死亡率ともに高い。

図1　ア　イ　ウ　エ

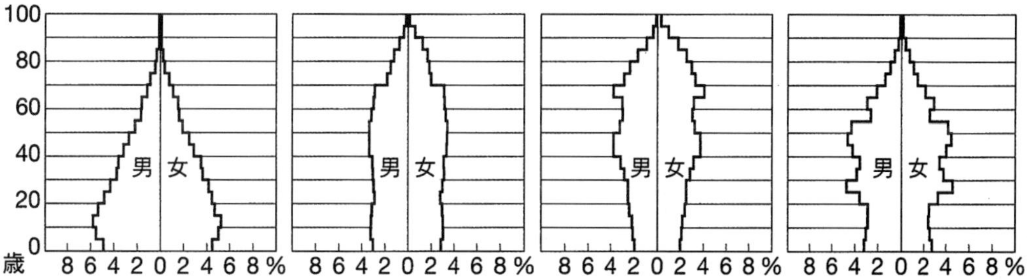

（『世界国勢図会 2018/19年版』より作成）

問３　下の図２中の矢印アからキは，大航海時代以降の世界の人の移動の一部を示したものである。次の説明文に当てはまる矢印を，下の図２のアからキのうちから一つ選べ。

説明文　移動元の国々からやって来た人々が，移動先の先住民の国々を滅ぼして植民地として支配した。その結果，矢印のような人の移動が盛んになった。移動して来た人々とその子孫が生活する地域では，先住民も含めて，スペイン語やポルトガル語が話されるようになり，キリスト教も広まった。

図２　大航海時代以降の世界の人の移動の一部

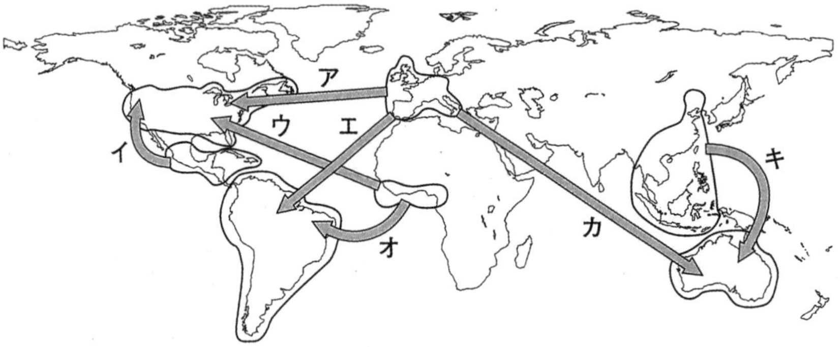

※　矢印の始点・終点と囲みは，おおよその位置を示している。矢印は移動経路を正確に示してはいない。

問４　次の表２は，国際連合公用語６言語の母語人口と使用国・地域数を示したものである。**表２**のＷからＺの言語についての説明として正しいものを，下のアからエのうちから一つ選べ。

表２　国際連合公用語６言語の母語人口・使用国・地域数

国際連合公用語	W	スペイン語	X	Y	ロシア語	Z
母語人口（百万人）※	1311	460	379	319	154	77
使用国・地域数※※	39	31	137	59	19	54

※　母語人口は，幼児期に最初に習得する言語の人口である。
※※　使用国・地域数とは，その言語を第一言語として使っている国・地域の数である。
(Ethnologue, Languages of the world. Summary by language size（2019）より作成)

ア　Ｗは中国語であり，母語人口は６言語のうちでは最も多いが，使用国・地域数は50か国を下回っている。

イ　Ｘは英語であり，母語人口は６言語のうち最も多く，使用国・地域数も最も多い。

ウ　Ｙはアラビア語であり，母語人口は６言語のうち最も少なく，使用国・地域数も最も少ない。

エ　Ｚはフランス語であり，母語人口は６言語のうち英語に次いで２番目に多く，使用国・地域数も２番目に多い。

2 図1の**い**から**に**の都市について，問1から問3までの各問いに答えよ。

問1 図2中のAからDは，**図1のい**から**に**で観測された気温と降水量を示している。図1中の都市と図2のグラフの組み合わせとして正しいものを，後のアからエのうちから一つ選べ。

図1

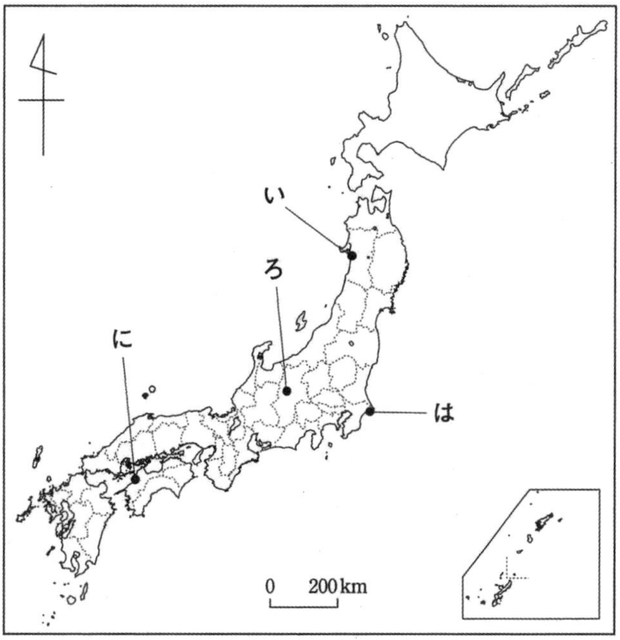

図2

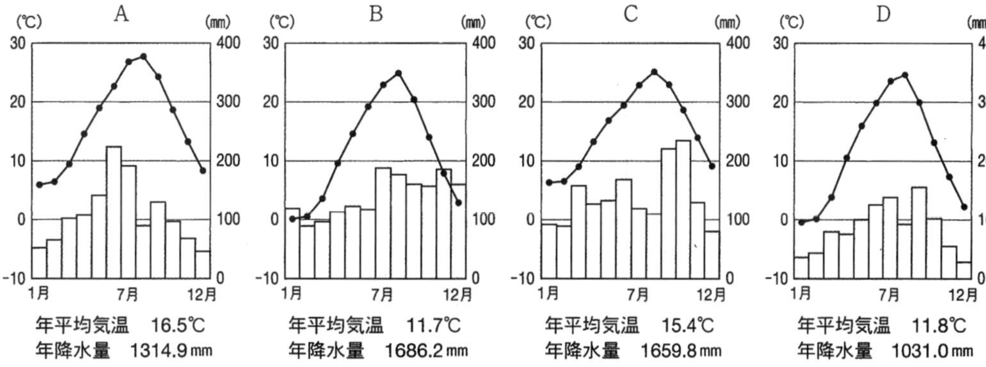

(『理科年表 2019 年版』より作成)

ア い－A　　イ ろ－B　　ウ は－C　　エ に－D

問2　**表1**は，県別の品目別農業産出額および総計についてまとめたものである。**表1**中の**ア**から**エ**は，図1中の**い**から**に**の都市が位置する県のいずれかである。図1中の**ろ**が位置する県に当てはまるものを，**表1**中の**ア**から**エ**のうちから一つ選べ。

表1　品目別農業産出額（2016年）（単位　億円）

	米	野菜	果実	乳用牛	豚	その他	総計
ア	454	897	557	132	53	372	2465
イ	157	243	555	44	126	216	1341
ウ	666	1927	185	283	499	1151	4711
エ	944	287	72	37	185	220	1745

（『データでみる県勢 2019年版』より作成）

問3　**表2**は，図1中の**い**から**に**の都市が位置する県の産業別製造品出荷額および総計についてまとめたものである。**表2**中のXからZは，輸送用機械器具，石油・石炭製品，電子部品・デバイス・電子回路のいずれかである。**表2**中のXからZに当てはまる組み合わせとして正しいものを，下の**ア**から**カ**のうちから一つ選べ。

表2　産業別製造品出荷額（2017年）（単位　億円）

	食料品	電気機械器具	X	Y	Z	その他	総計
いの県	982	256	46	597	3005	5960	10846
ろの県	5557	3109	74	3727	5968	27770	46205
はの県	14264	1609	20681	1017	2033	65219	104823
にの県	2591	1015	3596	2804	342	24232	34580

※　従業者4名以上の事業所のみを対象とする。
※　デバイスとは，パソコン・スマートフォンなどを構成する内部装置・周辺機器を指す。
※　輸送用機械器具には，自動車・船舶・航空機・鉄道車両等が含まれる。

（『平成29年 工業統計表』より作成）

	ア	イ	ウ	エ	オ	カ
輸送用機械器具	X	X	Y	Y	Z	Z
石油・石炭製品	Y	Z	X	Z	X	Y
電子部品・デバイス・電子回路	Z	Y	Z	X	Y	X

3 問1，問2に答えよ。

問1　**表1**は，世界文化遺産が位置するAからCの3か国について，首都の位置，国際観光客数，日本人観光客数をまとめたものである。**写真1**の①から③は，**表1**中のAからCの国に位置する世界文化遺産のいずれかを撮影したものである。**表1**中のAからCと**写真1**の①から③の組み合わせとして正しいものを，後のアからエのうちから一つ選べ。

表1　世界文化遺産の位置する国と国際観光の状況

	首都の位置		国際観光客数（千人，2015年）	日本人観光客数（千人，2015年）
	緯度	経度		
A	北緯　30度	東経　31度	9139	16
B	北緯　39度	東経　116度	56886	2498
C	北緯　37度	東経　23度	23599	10

（『UNWTO Tourism Highlights 2017 Edition 日本語版』，『観光白書（平成30年版）』より作成）

写真1

①

②

③

ア　A－①　B－②　　イ　A－②　B－③　　ウ　B－①　C－③　　エ　B－②　C－①

問2　**写真2**は，世界自然遺産に指定された日本のある地域を衛星から撮影したものである。この地域が位置する都道府県の観光について述べたものを，次のアからエのうちから一つ選べ。

ア　流氷が近付く2月頃には，多くの観光客が訪れる。

イ　西陣織《にしじんおり》などの伝統工芸品が有名で，国際的な観光都市として発展している。

ウ　江戸幕府の将軍がまつられた神社があり，国内の修学旅行生も多く訪れる。

エ　輪島塗《わじまぬり》などの伝統工芸品が有名で，新鮮な海産物が並ぶ朝市も人気を集めている。

写真2

※この世界自然遺産は，半島とその周辺の海により育まれた多様な生態系が評価された。

（衛星写真より作成）

4 次の**略地図**を見て，問 1，問 2 に答えよ。

略地図

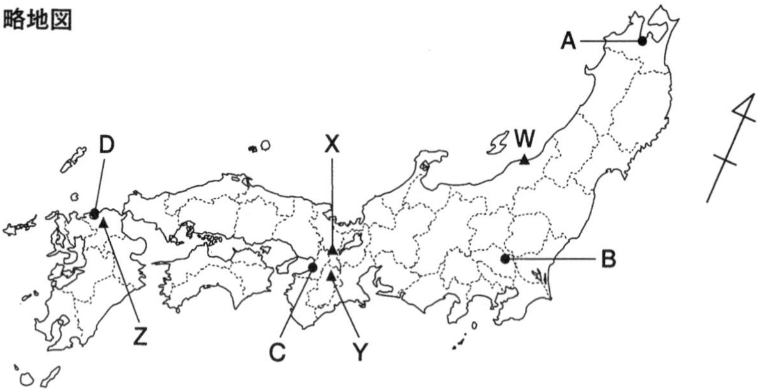

問 1　**略地図**中の **A** から **D** は，遺跡や有名な遺物が発見された場所を示している。**い**から**は**の三つの写真と，①から③の三つの説明文を組み合わせたとき，場所・写真・説明文の組み合わせとして正しいものを，後のアからクのうちから一つ選べ。

い　漢委奴国王印

ろ　百舌鳥《もず》古墳群

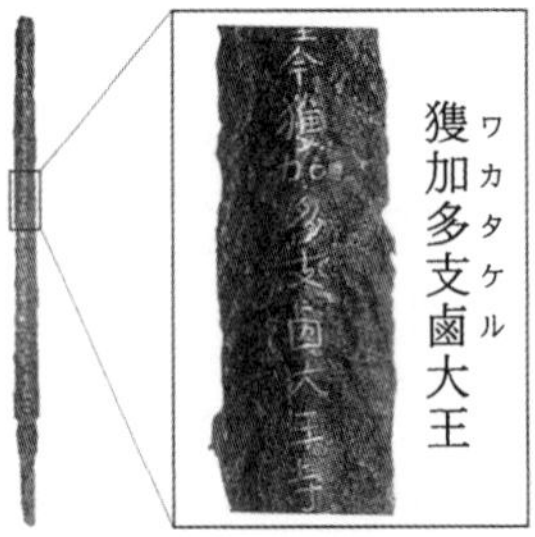

は　稲荷山古墳出土鉄剣

（『最新日本史図表』第一学習社，国土地理院 HP 空中写真より作成）

①　縄文時代に大規模な集落が営まれていたことが明らかになった。

②　1 世紀ころ中国の王朝に朝貢して「王」の称号を得た権力者の実在が明らかになった。

③　5 世紀ころには朝廷の勢力範囲が大きく広がっていたことが明らかになった。

ア　**A** −**ろ**−①　　イ　**A** −**い**−③　　ウ　**B** −**ろ**−②　　エ　**B** −**は**−①

オ　**C** −**は**−②　　カ　**C** −**ろ**−①　　キ　**D** −**い**−②　　ク　**D** −**は**−③

問 2　**略地図**中の **W** から **Z** は，7 世紀から 8 世紀にかけて建造された施設の場所を示している。**W** から **Z** についての説明として正しいものを，次のアからエのうちから一つ選べ。

ア　**W**は，初期の城柵《じょうさく》の推定地で，坂上田村麻呂はここで征夷大将軍に任命された。

イ　**X** は，桓武天皇が建設させた都であり，10 年ほどで近くの平安京へ遷《うつ》された。

ウ　**Y** は，天智天皇の時代に中国にならって建設された，日本で最初の本格的な都である。

エ　**Z** は，唐・百済《くだら》《ペクチェ》連合軍との戦いに敗れた後，外国の侵入に備えて建設された山城《やまじろ》である。

5　次のＡからＤの史料を読み，問１から問３までの各問いに答えよ。なお，いずれの史料も現代語に訳し，一部を変えたり省略したりしてある。

史料Ａ

冬十月十五日，天皇は詔《みことのり》として次のようにおっしゃった。「……天平《てんぴょう》十五年十月十五日をもって，人々の救済を願う菩薩《ぼさつ》の大願《たいがん》を発して，盧舎那仏《るしゃなぶつ》の金銅像一体を造りたてまつる。国中の銅を尽くして像を鋳造《ちゅうぞう》し，大きな山を削って仏殿を構え，広く世界中に伝えて……ともに仏恩《ぶつおん》にあずかり，悟りの境地に達して救われたいと思う。……もし一枝の草，ひとすくいの土であっても，持ち寄って仏像の建造に協力したいと願うものがあれば，願うままに認めよ。……」

（続日本紀）

史料Ｂ

天下をお治めになること十四年。太子に譲位して上皇となり，世の政《まつりごと》をはじめて院でおとりになった。後に出家なされても，そのまま崩御《ほうぎょ》のときまで政務をおとりになった。退位なされた後も政務をおとりになることなど昔はなかったことである。

（神皇正統記）

史料Ｃ

これまで委任されていた政権を返上し，将軍職を辞退したいという徳川内大臣《ないだいじん》からの二つの申し出を，天皇はこのたびはっきりとお聞き入れになった。……未曾有《みぞう》の国難が続き，先代の天皇がお心を悩ませていらっしゃったことのしだいは人々の知るところである。そこで天皇はお考えをお決めになり，王政復古，国威回復の御基本を確立なされたので……

（法令全書）

史料Ｄ

保元《ほうげん》の乱，平治《へいじ》の乱……以来，武家の支配が政務を思いのままにしてきたが，元弘《げんこう》三年の今，天下の国政が天皇のもとで一つにまとまったのはすばらしいことである。天皇の御親政は……延喜《えんぎ》・天暦《てんりゃく》の昔に立ちかえって，武家は穏やかに過ごし，庶民も声をそろえて誉めたたえ……貴族がそれぞれの位に昇進したさまは，まことに喜ばしい善政であった。

（梅松論）

※　延喜・天暦の昔とは，天皇の親政が理想的におこなわれたと当時の人々が考えていた時期のこと。

語

第１面

※100点満点

ウ	エ
ウ	エ
ウ	エ
ウ	エ
ウ	エ
ウ	エ

ウ	エ	
ウ	エ	
ウ	エ	
ウ	エ	
ウ	エ	
ウ	エ	オ
ウ	エ	オ
ウ	エ	

ウ	エ	オ
ウ	エ	
ウ	エ	
ウ	エ	
ウ	エ	
ウ	エ	
ウ	エ	
ウ	エ	
ウ	エ	
ウ	エ	

4	問１	(a)	ア	イ	ウ	エ
		(b)	ア	イ	ウ	エ
	問２		ア	イ	ウ	エ
	問３		ア	イ	ウ	エ
	問４		ア	イ	ウ	エ
	問５		ア	イ	ウ	エ
	問６		ア	イ	ウ	エ
	問７		ア	イ	ウ	エ

1 ２点×６
2 問２・４・５…４点×３　問１・３・６・７…３点×５
3 問１…２点　問２…３点　問３…２点×３　問４～８…４点×５
4 問１…３点×２　問２～７…４点×６

学

※100点満点

欄

)	ア	⊖	⓪	①	②	③	④	⑤	⑥	⑦	⑧	⑨
	イ	⊖	⓪	①	②	③	④	⑤	⑥	⑦	⑧	⑨
	ウ	⊖	⓪	①	②	③	④	⑤	⑥	⑦	⑧	⑨
)	エ	⊖	⓪	①	②	③	④	⑤	⑥	⑦	⑧	⑨
	オ	⊖	⓪	①	②	③	④	⑤	⑥	⑦	⑧	⑨
)	カ	⊖	⓪	①	②	③	④	⑤	⑥	⑦	⑧	⑨
	キ	⊖	⓪	①	②	③	④	⑤	⑥	⑦	⑧	⑨
)	ク	⊖	⓪	①	②	③	④	⑤	⑥	⑦	⑧	⑨
	ケ	⊖	⓪	①	②	③	④	⑤	⑥	⑦	⑧	⑨
)	コ	⊖	⓪	①	②	③	④	⑤	⑥	⑦	⑧	⑨
	サ	⊖	⓪	①	②	③	④	⑤	⑥	⑦	⑧	⑨
	シ	⊖	⓪	①	②	③	④	⑤	⑥	⑦	⑧	⑨
)	ス	ⓐ	ⓑ	ⓒ	ⓓ	ⓔ	ⓕ					
)	セ	⊖	⓪	①	②	③	④	⑤	⑥	⑦	⑧	⑨
	ソ	⊖	⓪	①	②	③	④	⑤	⑥	⑦	⑧	⑨
)	タ	⊖	⓪	①	②	③	④	⑤	⑥	⑦	⑧	⑨
	チ	⊖	⓪	①	②	③	④	⑤	⑥	⑦	⑧	⑨

1 (1)・(3)〜(8)… 5 点 × 7　(2)(エ)… 2 点　(2)(オ)… 3 点

解答欄は，第 2 面に続きます。

解　答　欄

2	(1)	ア	⊖	0	1	2	3	4	5	6	7	8
		イ	⊖	0	1	2	3	4	5	6	7	8
		ウ	⊖	0	1	2	3	4	5	6	7	8
		エ	⊖	0	1	2	3	4	5	6	7	8
		オ	⊖	0	1	2	3	4	5	6	7	8
		カ	⊖	0	1	2	3	4	5	6	7	8
		キ	⊖	0	1	2	3	4	5	6	7	8
	(2)	ク	⊖	0	1	2	3	4	5	6	7	8
		ケ	⊖	0	1	2	3	4	5	6	7	8
	(3)	コ	⊖	0	1	2	3	4	5	6	7	8
		サ	⊖	0	1	2	3	4	5	6	7	8
	(4)	シ	⊖	0	1	2	3	4	5	6	7	8
		ス	⊖	0	1	2	3	4	5	6	7	8

3	(1)	ア	⊖	0	1	2	3	4	5	6	7	8
		イ	⊖	0	1	2	3	4	5	6	7	8
		ウ	⊖	0	1	2	3	4	5	6	7	8
		エ	⊖	0	1	2	3	4	5	6	7	8
		オ	⊖	0	1	2	3	4	5	6	7	8
		カ	⊖	0	1	2	3	4	5	6	7	8
	(2)	キ	⊖	0	1	2	3	4	5	6	7	8
		ク	⊖	0	1	2	3	4	5	6	7	8
	(3)	ケ	⊖	0	1	2	3	4	5	6	7	8
		コ	⊖	0	1	2	3	4	5	6	7	8
		サ	⊖	0	1	2	3	4	5	6	7	8

語

第1面
※100点満点

㋒	㋓
㋒	㋓
㋒	㋓
㋒	㋓
㋒	㋓

㋒	㋓
㋒	㋓
㋒	㋓
㋒	㋓
㋒	㋓

㋒	㋓	
㋒	㋓	
㋒	㋓	
㋒	㋓	
㋒	㋓	
㋒	㋓	
㋒	㋓	㋔

4	1	3番目	㋐	㋑	㋒	㋓	㋔	㋕
		5番目	㋐	㋑	㋒	㋓	㋔	㋕
	2	3番目	㋐	㋑	㋒	㋓	㋔	㋕
		5番目	㋐	㋑	㋒	㋓	㋔	㋕
	3	3番目	㋐	㋑	㋒	㋓	㋔	㋕
		5番目	㋐	㋑	㋒	㋓	㋔	㋕
	4	3番目	㋐	㋑	㋒	㋓	㋔	㋕
		5番目	㋐	㋑	㋒	㋓	㋔	㋕
	5	3番目	㋐	㋑	㋒	㋓	㋔	㋕
		5番目	㋐	㋑	㋒	㋓	㋔	㋕
	6	3番目	㋐	㋑	㋒	㋓	㋔	㋕
		5番目	㋐	㋑	㋒	㋓	㋔	㋕

5	1	㋐	㋑	㋒	㋓
	2	㋐	㋑	㋒	㋓
	3	㋐	㋑	㋒	㋓
	4	㋐	㋑	㋒	㋓
	5	㋐	㋑	㋒	㋓

6	問1	㋐	㋑	㋒
	問2	㋐	㋑	㋒
	問3	㋐	㋑	㋒
	問4	㋐	㋑	㋒
	問5	㋐	㋑	㋒
	問6	㋐	㋑	㋒
	問7	㋐	㋑	㋒

1 2点×5
2 3点×5
3 3点×7
4 3点×6
5 3点×5
6 3点×7

※100点満点

欄

問１	1		㋐	㋑	㋒	㋓	㋔
	2		㋐	㋑	㋒	㋓	㋔
問２	1		㋐	㋑	㋒	㋓	㋔
			㋐	㋑	㋒	㋓	㋔
	2	①	○	×			
		②	○	×			
		③	○	×			
		④	○	×			

問１		㋐	㋑	㋒	㋓	㋔	㋕		
		㋐	㋑	㋒	㋓	㋔	㋕		
問２	（１）	㋐	㋑	㋒	㋓				
	（２）	㋐	㋑	㋒	㋓				
問３	1	㋐	㋑	㋒	㋓	㋔	㋕	㋖	㋗
	2	㋐	㋑	㋒	㋓	㋔	㋕	㋖	㋗
	3	㋐	㋑	㋒	㋓	㋔	㋕	㋖	㋗

．１…４点×２　問２．１…３点　２…４点
…３点　問２…３点　問３…２点×３
…２点×２　問２…１点×３　問３…２点　問４．⑴⑵…１点×２　⑶～⑸…２点×３

解答欄は，第２面に続きます。

解　答　欄

3	問 1	①	㋐	㋑	㋒	㋓	㋔	㋕	㋖	㋗
		②	㋐	㋑	㋒	㋓	㋔	㋕	㋖	㋗
		③	㋐	㋑	㋒	㋓	㋔	㋕	㋖	㋗
		④	㋐	㋑	㋒	㋓	㋔	㋕	㋖	㋗
		⑤	㋐	㋑	㋒	㋓	㋔	㋕	㋖	㋗
		⑥	㋐	㋑	㋒	㋓	㋔	㋕	㋖	㋗
	問 2	①	㋐	㋑	㋒	㋓	㋔	㋕		
		②	㋐	㋑	㋒	㋓	㋔	㋕		
		③	㋐	㋑	㋒	㋓	㋔	㋕		
	問 3		㋐	㋑	㋒	㋓				
	問 4	(1)	㋐	㋑	㋒	㋓	㋔			
		(2)	㋐	㋑	㋒	㋓	㋔			
		(3)	㋐	㋑	㋒	㋓	㋔	㋕		
		(4)	㋐	㋑	㋒	㋓	㋔	㋕		
		(5)	㋐	㋑	㋒	㋓	㋔	㋕		

4	問 1	ア	①	②	③	④	⑤	⑥	⑦	⑧	⑨	⓪
		イ	①	②	③	④	⑤	⑥	⑦	⑧	⑨	⓪
	問 2		①	②	③	④	⑤	⑥	⑦	⑧	⑨	
	問 3	ア	①	②	③	④	⑤	⑥	⑦	⑧	⑨	⓪
		イ	①	②	③	④	⑤	⑥	⑦	⑧	⑨	⓪
	問 4		㋐	㋑	㋒	㋓	㋔	㋕				

5	問 1		㋐	㋑	㋒	㋓	㋔	
	問 2		㋐	㋑	㋒	㋓	㋔	
	問 3		㋐	㋑	㋒	㋓	㋔	㋕
	問 4	①	㋐	㋑	㋒	㋓	㋔	㋕
		②	㋐	㋑	㋒	㋓	㋔	㋕
		③	㋐	㋑	㋒	㋓	㋔	㋕

会

第１面
※100点満点

㋒	㋓	㋔	㋕		
㋒	㋓				
㋒	㋓	㋔	㋕	㋖	
㋒	㋓				

㋒	㋓		
㋒	㋓		
㋒	㋓	㋔	㋕

㋒	㋓
㋒	㋓

㋒	㋓	㋔	㋕	㋖	㋗
㋒	㋓				

㋒	㋓
㋒	㋓
㋒	㋓

㋒	㋓		
㋒	㋓		
㋒	㋓		
㋒	㋓	㋔	㋕
㋒	㋓		

㋒	㋓	㋔	㋕	㋖
㋒	㋓			
㋒	㋓			

8	問１	㋐	㋑	㋒	㋓
	問２	㋐	㋑	㋒	㋓
	問３	㋐	㋑	㋒	㋓
	問４	㋐	㋑	㋒	㋓

1 ４点×４
2 ４点×３
3 ４点×２
4 ４点×２
5 ４点×３
6 問２…２点×２　問１，３，４…４点×３
7 ４点×３
8 ４点×４

令和 2 年度

国立 KOSEN 高等専門学校

解答と解説

教英出版

国語解答

1 ⑴イ　⑵エ　⑶ウ　⑷ア　⑸ウ　⑹ア

2 問1．イ　問2．エ　問3．ウ　問4．ア　問5．イ　問6．ウ，エ　問7．ア

3 問1．イ　問2．イ　問3．a．ウ　b．エ　c．ア　問4．エ　問5．イ　問6．ア
問7．ウ　問8．ウ

4 問1．⒜ウ　⒝エ　問2．ア　問3．イ　問4．エ　問5．イ　問6．ア　問7．エ

国語解説

2 問1　「平安時代(十一世紀)」「宮廷の女房」に着目する。平安時代の作品で、女性が作者のものを選べばよいので、イが適する。枕草子の作者である清少納言は、中宮定子に女房として仕えた。

問2　「言はむ方なし」は、なんとも言いようがないという意味。また、「をかし」には、趣がある、興味深い、おかしいなどの意味がある。よって、エが適する。

問3　⒞の「ない」は、「ない」を「ぬ」にかえても意味が通るので、打消しの意味を表す助動詞である。他は、形容詞の「ない」である。よって、ウが適する。

問4　傍線部⑶の１～９行後に、この文章が名文だと言われる理由が書かれている。「この描写の中には何一つ、きわ立った秋の景物がない」「あれこれの景物が一つの生命体をなして感じられることこそ、自然の季節を深めゆく営みとの、いちばん深い対面なのであろう」などから、アが適する。

問5　直後に「三者三様、山、沢、浦と場所をかえて～同じ季節の同じ時刻を歌う形をとる～それぞれの地勢に応じて、秋の夕ぐれはこのようですよと、いってもいい」とある。秋の夕ぐれという同じ季節、時刻を歌っているものを取り上げながら、それぞれの場所・地勢に応じた趣深い様子を歌った歌を並べている点を「みごとだ」と言っているのである。よって、イが適する。　ア．三人の名手の和歌を並べた点を「みごとだ」と言っているわけではない。　ウ．静と動の配列については述べていない。　エ．否定の言い方を用いているという共通点にはふれているが、その変化については述べていない。

問6　傍線部⑸の「象徴的な点景」とは、三夕でとり上げられている風景、つまり「槇《まき》立つ山」「鴫《しぎ》立つ沢」「浦の苫屋《とまや》」といったものである。　ア．寂蓮《じゃくれん》法師の歌について、「なまじ真っ赤に紅葉した木でもあれば、寂寥《せきりょう》はよほど軽くなる。しかし『その色としもない(＝特にどの色のためというわけではない)』風景こそが、典型的な山路の夕ぐれの秋なのである」と述べている。「紅葉した木がない」風景は、槇が立つ山の風景と同様に、「『その色としもない』風景」にあたる。よって、「象徴的な点景」と言える。　イ．ウ．西行《さいぎょう》法師の歌について、「沢では、渡り鳥の鴫が飛び立つことで秋のあわれが身にせまる」、「『心なき身』とは僧であることをいうのだろう～鳥(＝鴫)の上に流浪《るろう》の旅の自画像を重ねていることはいうまでもない」と述べている。この歌で「象徴的な点景」と言えるのは「鴫が飛び立つ」風景であり、旅の僧はこの風景を見て「あわれ」を感じる存在である。よって、ウが正解。　エ・オ．藤原定家《ふじわらのさだいえ》の歌について、「やはり通常のはなやぎをみせる花、紅葉を否定するところに、新しい発見がある」と述べている。この歌では、「花、紅葉を否定」し、苫屋という「古来わびしいものと相場がきまっていた」ものを「象徴的な点景」としてとりあげている。よって、エが正解。

問7　どの歌も「夕暮」という体言で終わっている。体言止めは、余韻や余情を出すため、名詞(体言)で言い終わ

る方法。また、どの歌も上の句と下の句の順序が逆になっている。倒置法は、強く印象づけるため、ことばの順序を逆にする方法。よって、アが適する。

3 **問1**　枚挙にいとまがないとは、たくさんありすぎて数えきれないということ。

問3 a　前の段落には「それら(＝科学的な知見)の確からしさを正確に把握して峻別《しゅんべつ》していけば、少なくともより良い判断ができるはずである」という考え方が書かれている。空欄の後には、それを実現するための試みの具体例として、ＥＢＭという考え方で行われている試みを説明している。前に書かれていることの具体例が後に書かれているので、ウの「たとえば」が適する。　**b**　科学的知見の確度の判定をめぐる状況について、空欄の前にはその試みが始まっていること、空欄の後にはすべての知見について情報公開がされている訳ではなく、問題点もあることが説明されている。前後が反対の内容になっているので、エの「しかし」が適する。　**c**　直後で、言うまでもないことや当然の考え方を挙げた上でそれらを認め、５行後の「しかし」以降で筆者が重要だと考えていることを述べている。よって、言うまでもないことを挙げることを示すアの「もちろん」が適する。

問4　レポートの内容は、「医学生物学論文の 70%以上で結果を再現できなかった」というもの。結果を再現できないということは、現実に合わない、誤りを含んでいるということなので、エが適する。

問5　傍線部(2)の「それ」が指す内容は、「仮説の適応度をさらに上げる修正仮説が提出されるサイクルが繰り返される」ことであり、これが「生物の『適者生存』のよう」だと述べている。科学と生物が似ている点については、直後に「科学は～生物のように変化を生み出し、より適応していたものが生き残り、どんどん成長・進化していく」とある。よって、イが適する。

問6　科学は、「仮説の適応度をさらに上げる修正仮説が提出されるサイクルが繰り返される」ことで成長・進化していく。しかし、２段落前にあるように、こうした科学の「素晴らしい性質は、その中の何物も『不動の真理』ではない、ということに論理的に帰結してしまう」。また、科学は、「もし 100%正しいところまで修正されていたとしても、それを完全な 100%～と判定するようなプロセスが体系の中に用意されていない」とある。つまり、科学は仮説の修正を繰り返すものであり、たとえ科学的知見が完全に正しいもの(＝真理)にたどり着いていたとしても、それを確かめる仕組みが用意されていないので、科学的知見はいつまでも「原理的に不完全」なままなのである。よって、アが適する。

問7　神託とは、神のお告げのこと。設問に「科学者の立場からすると」とあることに注意する。「神託を担う科学」について、２～３行後で「科学に従事する者たちが、非専門家からの批判は無知に由来するものとして～高圧的かつ一方的に封じ込めてしまう」ことがあると説明している。この「(非専門家からの批判を)高圧的かつ一方的に封じ込めてしまう」という部分と、ウの「(科学的知見を)人々に押しつけて批判を許そうとしない」という部分が合致する。

問8　最後の３段落の内容と、ウの内容が合致する。「人は権威にすがりつき安心してしまいたい～『分からない』という不安定な状態でいるよりは、とりあえず何かを信じて、その不安から逃れてしまいたいという指向性が、心のどこかに潜んでいる」とあり、これは科学についても同じだと述べている。

4 **問2**　スーパーの店内を歩きまわっている「わたし」は、「ひとりで、歩いて家に帰ることを決めた」のだと自分にいいきかせ、得意になっている。そして、自分で決めたとおりに行動できる自分と比べて、この子たちは幼いと感じたのである。よって、アが適する。

問3　次の段落で、「わたし」は、父と姉が自分の名前を呼ぶところを想像している。これは、心のどこかでそうなることを望んでいるからである。車は車道の左側を走るので、左側の歩道を歩いたほうが、車から自分を見つけ

てもらいやすい。よって、イが適する。

問4　問3の解説にあるように、「わたし」は父と姉に見つけてもらうことを望んでいた。しかし、父の車はスピードをゆるめることなく通り過ぎた上に、自分がいつも座っている場所には別の誰かが乗っていた。傍線部(3)の直後には、自分が気づいてもらえなかったことと、助手席のうしろに誰かが座っていたことに大きな衝撃を受けた様子が描かれている。そして、「わたし」は、その誰かが自分のふりをして家族と過ごすのを想像し、涙がぽろぽろあふれた。涙があふれたのは、自分の居場所がなくなったことへの悲しみと恐れからだと考えられる。よって、エが適する。

問5　直後に「いいかけて、わたしは姉の格好に気づいた」とあり、さらに「ふたりとも、わたしが覚えていた格好とはすこしだけちがっていた」とある。「わたし」は姉の格好が自分の記憶と違うことに気づき、直後に父も同様であることに気がついた。自分は父と姉の格好をはっきり覚えていると自信をもっていただけに、このことに戸惑っているのである。よって、イが適する。

問6　一人で道を歩いている途中、北極星を探そうとした場面に、「家の庭から何度も姉とみたことのある星なのに」とある。ここから、「わたし」にとって北極星は家族とのつながりを感じさせるものであることが読み取れる。そして、再び歩き出したとき、わたしは家族がいることのありがたさを強く感じた。また、傍線部(5)の直後に、「(わたしは北極星の)かぼそい光を強く目に焼きつけた～またひとりぼっちになることがあっても、二度とその光を見失わないように」とある。これらの内容をふまえると、北極星は家族とのつながりやそのありがたみを象徴するものであり、この先ひとりになっても二度と家族のありがたみを忘れないと決意し、その光を目に焼きつけたのである。よって、アが適する。

問7　周囲の光が明るく描写されているときは、「わたし」の気持ちも明るく、周囲の光が暗く描写されているときは、「わたし」の気分は沈んでいる。スーパーのなかにいるときの「わたし」は、「立派なことをしたような気持ち」になっている。この場面では「スーパーのなかは明るかった」とある。次に、スーパーを出て信号を渡った場面に、「まだあたりは明るかった。このまま歩きつづけて～夜になってしまってもかまわないと思った」とあり、ここでも光の描写と「わたし」の心情は重なっている。父の車が脇を通りこしていった後の場面では、「わたし」は悲しみと恐れから涙があふれていた。このとき「すっかり日は暮れてい」て、あたりは暗くなっている。よって、エが適する。

数学解答

1　(1)ア．5　イ．3　ウ．6　(2)エ．1　オ．2　(3)カ．－　キ．1　(4)ク．2　ケ．3
(5)コ．7　サ．1　シ．5　(6)a　(7)セ．1　ソ．9　(8)タ．1　チ．3

2　(1)ア．2　イ．1　ウ．5　エ．2　オ．1　カ．5　キ．2　(2)ク．0　ケ．4
(3)コ．4　サ．2　(4)シ．5　ス．6

3　(1)ア．5　イ．3　ウ．3　エ．1　オ．4　カ．3　(2)キ．0　ク．7
(3)ケ．－　コ．3　サ．0

4　(1)ア．8　イ．5　(2)ウ．4　エ．5　オ．8　カ．7　(3)キ．5　ク．2　ケ．7

数学解説

1 (1) 与式$=\frac{1}{\sqrt{3}}\div\frac{1}{4}-\frac{\sqrt{12}}{4}=\frac{1}{\sqrt{3}}\times4-\frac{2\sqrt{3}}{4}=\frac{4\sqrt{3}}{3}-\frac{\sqrt{3}}{2}=\frac{8\sqrt{3}}{6}-\frac{3\sqrt{3}}{6}=\frac{5\sqrt{3}}{6}$

(2) $x^2+ax-6=0$に$x=-3$を代入すると，$(-3)^2-3a-6=0$　$-3a+3=0$　$a=1$

$x^2+x-6=0$を解くと，$(x+3)(x-2)=0$　$x=-3,\ 2$　よって，もう1つの解は，$x=2$

(3) $x=-3$のとき$y=-\frac{1}{4}\times(-3)^2=-\frac{9}{4}$，$x=7$のとき$y=-\frac{1}{4}\times7^2=-\frac{49}{4}$だから，求める変化の割合は，

(yの増加量)÷(xの増加量)$=\{-\frac{49}{4}-(-\frac{9}{4})\}\div\{7-(-3)\}=(-10)\div10=-1$

(4) 台形ＡＢＣＤの面積についてａの方程式を立てて解く。

$y=ax^2$にＡのx座標の$x=2$を代入すると，$y=a\times2^2=4a$となるから，$A(2,\ 4a)$である。

$y=-x^2$にＤのx座標の$x=1$を代入すると，$y=-1^2=-1$となるから，$D(1,\ -1)$である。

Ｂ，ＣはそれぞれＡ，Ｄとy軸について対称だから，$B(-2,\ 4a)$，$C(-1,\ -1)$である。

ＡＢ＝(Ａ，Ｂのx座標の差)$=2-(-2)=4$，ＣＤ＝(Ｃ，Ｄのx座標の差)$=1-(-1)=2$，

台形ＡＢＣＤの高さは，(Ａ，Ｄのy座標の差)$=4a-(-1)=4a+1$である。

したがって，台形ＡＢＣＤの面積は，$\frac{1}{2}\times(AB+CD)\times(4a+1)=\frac{1}{2}\times(4+2)\times(4a+1)=$

$3(4a+1)$と表せるから，$3(4a+1)=11$を解くと，$4a+1=\frac{11}{3}$　$4a=\frac{8}{3}$　$a=\frac{2}{3}$

(5) 2枚のカードの取り出し方は右図のように15通りある。そのうち2枚の数字の和が素数になるのは，○印の7通りだから，求める確率は，$\frac{7}{15}$である。

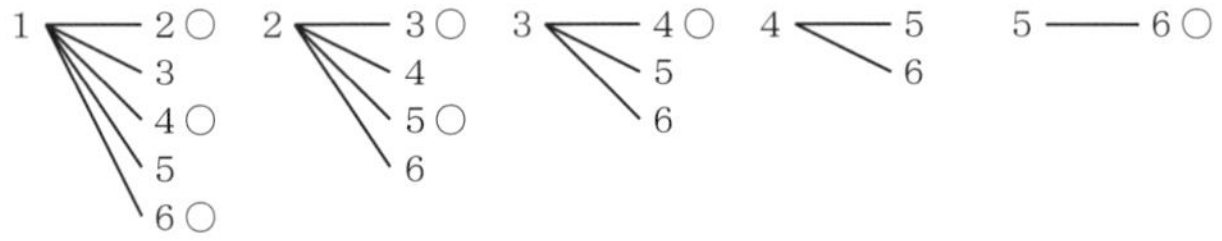

(6) $x=\frac{2\times1+3\times2+4\times3+5\times4+6\times4+7\times6+8\times8+9\times10+10\times2}{40}=\frac{280}{40}=7$

40人の中央値は，$40\div2=20$より，低い方(または高い方)から20番目と21番目の点数の平均である。

7点以下が$1+2+3+4+4+6=20$(人)，8点以下が$20+8=28$(人)だから，低い方から20番目は7点，21番目は8点である。したがって，$y=\frac{7+8}{2}=7.5$　最頻値は，最も人数が多い9点だから，$z=9$

よって，$x<y<z$だから，ⓐが正しい。

(7) ＴをＳの式で表すことで，Ｓ：Ｔを求める。

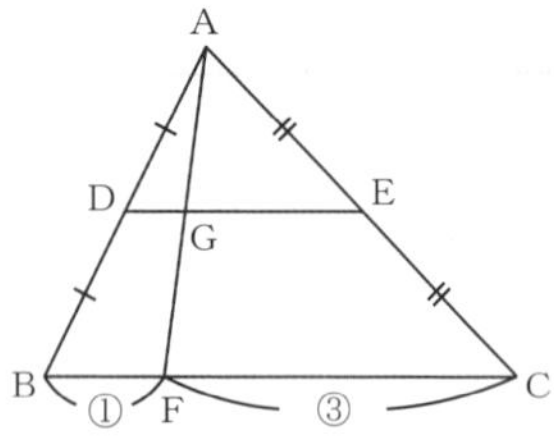

△ＡＢＣにおいて，中点連結定理よりＤＥ//ＢＣである。

したがって，△ＡＤＧ∽△ＡＢＦであり，相似比はＡＤ：ＡＢ＝１：２だから，

面積比は$1^2:2^2=1:4$なので，△ＡＢＦ＝４△ＡＤＧ＝４Ｓ

△ＡＢＦと△ＡＦＣは，底辺をそれぞれＢＦ，ＦＣとしたときの高さが等しいから，

面積比はＢＦ：ＦＣ＝１：３と等しくなるので，△ＡＦＣ＝３△ＡＢＦ＝３×４Ｓ＝12Ｓ

ＤＥ//ＢＣより，△ＡＧＥ∽△ＡＦＣであり，相似比は１：２，面積比は$1^2:2^2=1:4$だから，

△ＡＦＣ：(四角形ＥＧＦＣの面積)＝４：(４－１)＝４：３なので，

(四角形ＥＧＦＣの面積)$=\frac{3}{4}$△ＡＦＣ$=\frac{3}{4}\times$12Ｓ＝９Ｓ　よって，Ｓ：Ｔ＝Ｓ：９Ｓ＝１：９

⑻　ＯＡ＝ＯＢ＝ＯＣ＝ＯＤで，底面が長方形だから，頂点Ｏは底面の２本の対角線の交点の真上にあるので，右のように作図できる。

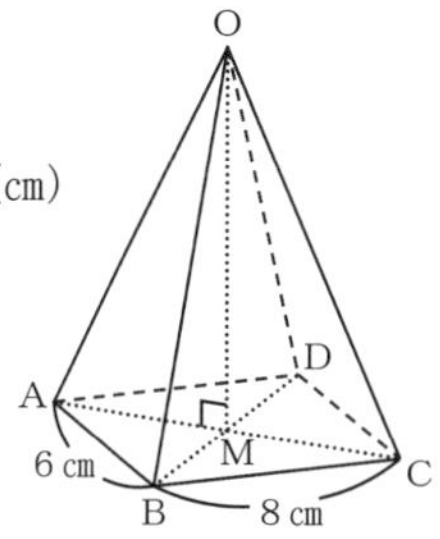

三平方の定理より，$AC=\sqrt{AB^2+BC^2}=\sqrt{6^2+8^2}=10$(cm)だから，$AM=10\div2=5$(cm)
四角すいＯ‐ＡＢＣＤの体積について，$\frac{1}{3}\times(6\times8)\times OM=192$ より，$OM=12$(cm)
三平方の定理より，$OA=\sqrt{AM^2+OM^2}=\sqrt{5^2+12^2}=13$(cm)

2　⑴　右図の直線ＨＩの式と直線ＪＫの式を求める。

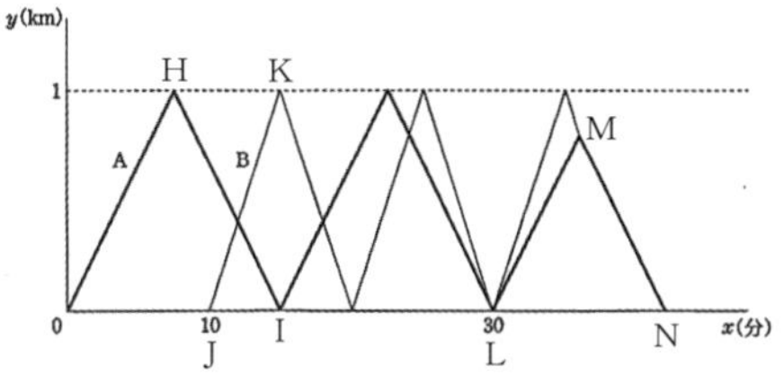

Ａさんは30分で２往復したから，片道にかかる時間は$\frac{30}{4}=\frac{15}{2}$(分)なので，$H(\frac{15}{2},\ 1)$，$I(15,\ 0)$である。直線ＨＩの式を$y=ax+b$とする。点Ｈの座標から$1=\frac{15}{2}a+b$，点Ｉの座標から$0=15a+b$が成り立つ。これらを連立方程式として解くと，$a=-\frac{2}{15}$，$b=2$となるから，直線ＨＩの式は，$y=-\frac{2}{15}x+2$である。
Ｂさんは30－10＝20(分)で２往復したから，片道にかかる時間は$\frac{20}{4}=5$(分)なので，$J(10,\ 0)$，$K(15,\ 1)$である。直線ＪＫの式を$y=cx+d$とする。点Ｊの座標から$0=10c+d$，点Ｋの座標から$1=15c+d$が成り立つ。これらを連立方程式として解くと，$c=\frac{1}{5}$，$d=-2$となるから，直線ＪＫの式は，$y=\frac{1}{5}x-2$である。

⑵　⑴で式を求めた２直線の交点が，初めて２人が出会うところを表しているので，交点のy座標を求める。
$y=-\frac{2}{15}x+2$と$y=\frac{1}{5}x-2$を連立させてyを消去すると，$-\frac{2}{15}x+2=\frac{1}{5}x-2$より，$x=12$
$y=\frac{1}{5}x-2$に$x=12$を代入すると，$y=\frac{1}{5}\times12-2=\frac{2}{5}=0.4$
よって，交点のy座標は0.4だから，求める道のりは0.4kmである。

⑶　⑴の解説の図のようにＬ，Ｍ，Ｎをおく。まずＬからＭまでにかかった時間を求めたい。
⑴より，Ａさんは$\frac{2}{15}$分で１km進み，Ｂさんは$\frac{1}{5}$分で１km進むとわかる。ＬからＭまでに２人が進んだ道のりの和は，ＰＱ間の道のりの２倍に等しく，$1\times2=2$(km)だから，ＬからＭまでの時間をｔ分とすると，
$\frac{2}{15}t+\frac{1}{5}t=2$が成り立ち，これを解くと，$t=6$となる。
したがって，ＡさんはＬからＭまで６分かかったのだから，ＭからＮまでも６分かかるので，Ｎの時刻は，
９時30分＋６分×２＝９時42分であり，これが求める時刻である。

⑷　⑶の解説より，ＡさんがＬからＮまでに進んだ道のりは，$\frac{2}{15}\times6\times2=\frac{8}{5}=1.6$(km)である。その前に２往復することで，$1\times4=4$(km)進んだから，Ａさんが走った道のりの合計は，$4+1.6=5.6$(km)

3　⑴　ａが書かれている図において，上から２段目の正方形は左から順に，$6+a$，$a+(-4)=a-4$となるから，$(6+a)+(a-4)=12$より，$2a=10$　　$a=5$
ｂが書かれている図において，上から３段目の正方形は左から順に，$p+q$，$q+r$，$r+s$となり，上から２段目の正方形は左から順に，$(p+q)+(q+r)=p+2q+r$，$(q+r)+(r+s)=q+2r+s$となるから，$b=(p+2q+r)+(q+2r+s)=p+3q+3r+s$
$b=p+3q+3r+s$をふまえると，ｃが書かれている図において，
$(-1)+3c+(-2)\times3+(-3)=4$　　$3c-10=4$　　$3c=14$　　$c=\frac{14}{3}$

⑵　右図のように記号をおく。⑴の$b=p+3q+3r+s$をふまえると，
$5+3e+3E+1=6$だから，$3e+3E=0$　　$3\times(e+E)=0$　　$e+E=0$
したがって，$d=0$である。このため，Ａ＝Ｃ，Ｂ＝Ｄとなるから，ＣとＤとｅとＥの絶対値が６以下の整数になるｅの値を考える。

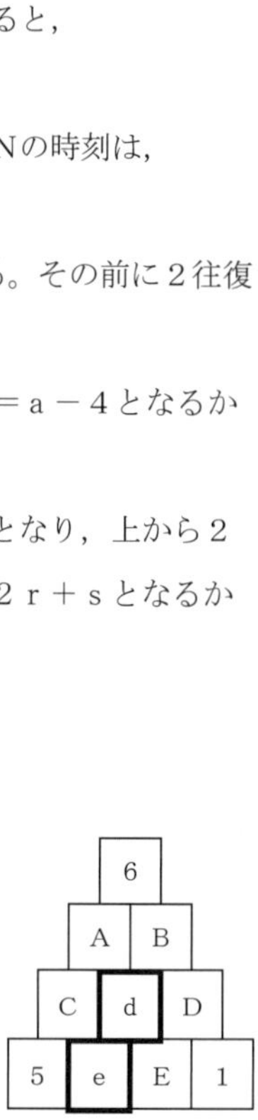

$C=5+e$だから，$-6 \leqq e \leqq 1$である。$D=E+1$だから，$-6 \leqq E \leqq 5$である。

$e+E=0$より，eの値が決まればEの値も決まり，$-6 \leqq e \leqq 1$のとき$-1 \leqq E \leqq 6$となるから，$E=6$になるとき，つまり$e=-6$のときは，$-6 \leqq E \leqq 5$を満たさないとわかる。

よって，$-5 \leqq e \leqq 1$だから，条件に合うeの値は，-5以上1以下の整数の7個ある。

(3)　右図のように記号をおく。R，O，Kの値は計算ですぐに求められるので，その周りから順に各正方形に入る数をfの式で表していく。

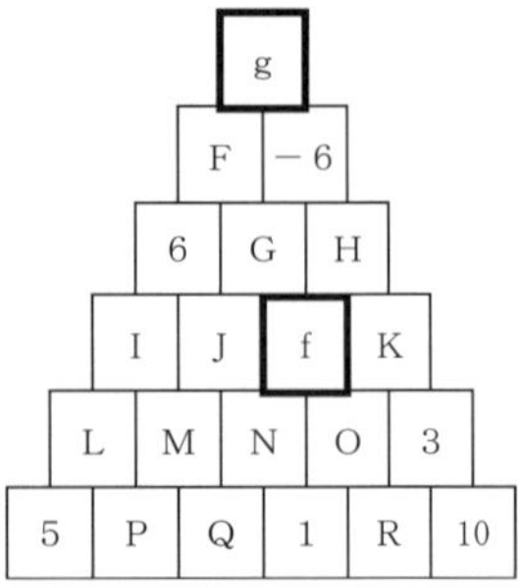

$R=3-10=-7$，$O=1+R=-6$，$K=O+3=-3$，

$H=f+K=f-3$，$G=(-6)-H=-f-3$，$F=6+G=-f+3$，

$g=F+(-6)=-f-3$，$J=G-f=-2f-3$，

$I=6-J=2f+9$，$N=f-O=f+6$，$M=J-N=-3f-9$，

$L=I-M=5f+18$，$Q=N-1=f+5$，$P=M-Q=-4f-14$

よって，$5+P=L$より，$5+(-4f-14)=5f+18$　　$9f=-27$　　$f=-3$

$g=-f-3=-(-3)-3=0$

4　(1)　△AHCと△ACBにおいて，∠HAC＝∠CAB（共通）であり，ABが直径だから∠ACB＝90°なので，∠AHC＝∠ACBとなるため，△AHC∽△ACBである。

△ACBと△CHBにおいて，∠ABC＝∠CBH（共通）であり，∠ACB＝∠CHBだから，△ACB∽△CHBである。したがって，△AHC∽△CHBであり，この2つの直角三角形の直角をはさむ辺の比は，AH：CH＝2：1だから，CH：HB＝2：1である。よって，$AH:HB=2CH:\frac{1}{2}CH=4:1$だから，$AH:AB=4:(4+1)=4:5$なので，$AH=\frac{4}{5}AB=\frac{4}{5}\times 2=\frac{8}{5}$

(2)　ABが直径だから∠ADB＝90°なので，$\angle ADE=\frac{1}{2}\angle ADB=\frac{1}{2}\times 90=45(°)$

△ABDにおいて，三角形の内角の二等分線の定理より，AE：EB＝AD：BDだから，まずBDの長さを求める。三平方の定理より，$BD=\sqrt{AB^2-AD^2}=\sqrt{2^2-\left(\frac{8}{5}\right)^2}=\sqrt{\frac{36}{25}}=\frac{6}{5}$

よって，$AE:EB=AD:BD=\frac{8}{5}:\frac{6}{5}=4:3$だから，$AE:AB=4:(4+3)=4:7$なので，

$AE=\frac{4}{7}AB=\frac{4}{7}\times 2=\frac{8}{7}$

(3)　右のように作図する。△ADE∽△FBEが成り立ち，$EA=\frac{8}{7}$だから，相似比がわかればEFの長さを求められる。

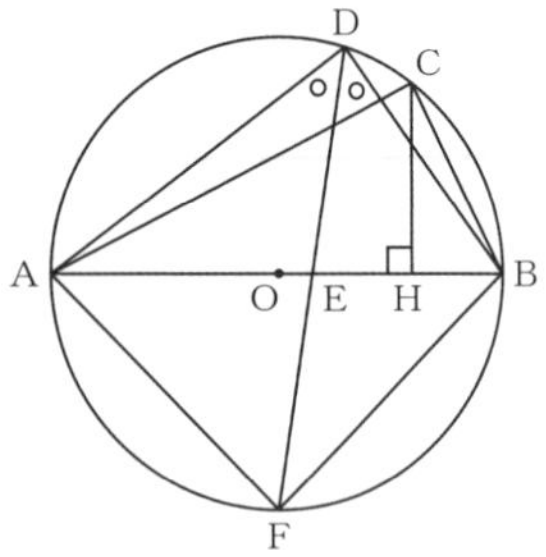

∠ADE＝∠BDE＝45°であり，円周角の定理より，∠ABF＝∠ADF＝45°，

∠BAF＝∠BDF＝45°だから，△ABFは直角二等辺三角形なので，

$FB=\frac{1}{\sqrt{2}}AB=\frac{1}{\sqrt{2}}\times 2=\sqrt{2}$

よって，△ADE∽△FBEで，EA：EF＝AD：FBより，

$\frac{8}{7}:EF=\frac{8}{5}:\sqrt{2}$　　$\frac{8}{5}EF=\frac{8}{7}\times\sqrt{2}$　　$EF=\frac{8\sqrt{2}}{7}\times\frac{5}{8}=\frac{5\sqrt{2}}{7}$

英語解答

1 1．エ　2．イ　3．ア　4．ウ　5．ウ

2 1．イ　2．エ　3．イ　4．ア　5．エ

3 問1．(1)ウ　(2)ア　(3)ウ　(4)ア　(5)ア　(6)エ　問2．エ

4 ［3番目／5番目］ 1．［エ／オ］　2．［カ／エ］　3．［イ／ウ］　4．［カ／オ］
5．［イ／カ］　6．［カ／エ］

5 1．イ　2．エ　3．ウ　4．イ　5．イ

6 問1．ウ　問2．ア　問3．イ　問4．ア　問5．イ　問6．ウ　問7．ウ

英語解説

1 1　上の文「あなたのお気に入りの映画は何ですか？」，下の文「あなたが1番好きな映画は何ですか？」

・one's favorite＋○○《名詞》「(人)のお気に入りの○○《名詞》」　・like＋○○《名詞》＋the best「○○《名詞》が1番好きである」

2　上の文「9月は8月の次にくる」，下の文「8月は9月の前にくる」

・follow ～「～の次にくる／～を追いかける」　・before ～「～の前に」

3　上の文「私はその知らせを聞いた時，とても嬉しかった」，下の文「その知らせは私を喜ばせた」

上の文のWhenは接続詞で「～の時」を表す。　・make＋人＋状態「(人)を(状態)にする」

4　上の文「メアリーは京都を訪れずに日本を去りたくない」，下の文「メアリーは日本滞在中に京都を訪れたい」

・without ~ing「～せずに」下の文のwhileは接続詞で，「～の間に」を表す。

5　上の文，下の文ともに「私は大きなキッチンのある家に住みたい」という意味。「～のある○○《名詞》」を，上の文は〈which《関係代名詞》 has ~〉，下の文は〈with ~〉で，それぞれ後ろから名詞(ここではhouse)を修飾して表している。

2 1　A「昨日，ある男性が英語で私にバス停の場所を尋ねたの」→B「ｨ君は英語で答えたの？」→A「やってみたわ。実は，彼は多少日本語が理解できたの」

2　A「こんにちは。こちらはエマです。メアリーをお願いします」→B「ｴあなたは番号を間違えていると思います。こちらにメアリーという名前の者はいませんよ」→A「それは申し訳ありませんでした」

3　A「今日は映画に行きたいな」→B「うーん，外はすごくいい天気だよ。ビーチへ行こうよ。映画には明日行こう」→A「ｨ明日まで待てないわ。だって，その映画は今日で終わってしまうの」

4　A「明日，ジェーンが私たちのサッカーチームに戻ってくるわ」→B「それは吉報だね。彼女はどれくらいの間入院していたの？」→A「ええと，ｱ彼女が足を骨折したのは2か月前よ。いつ退院したかはわからないわ」→B「彼女のもとを訪れたの？」　・break one's leg「足を骨折する」

5　A「あの新しいレストランに行ったことある？」→B「うん。あそこのピザは絶品だったよ。君は行ったことがある？」→A「いいえ，でもｴ今度の日曜日に姉(妹)と行くつもりよ。楽しみにしているわ」

3 【本文の要約】参照。

問1(1)　such a＋○○《単数名詞》「そのような○○《単数名詞》」より，ウ suchが適切。

(2)　話の流れより，「買うことに決めた」という意味になるア decidedが適切。　・decide to ～「～することに決める」

⑶　直前に enjoyed があるので，動名詞のウ listening が適切。　・enjoy ~ing「～して楽しむ」

⑷　(　4　)以下の内容 they won't carry my special clock carefully より，「残念ながら」という意味になるア afraid が適切。　・I'm afraid (that) ~「残念ながら～」

⑸　so … that ~「あまりに…なので～」より，ア that が適切。

⑹　男の子はジョンが腕時計(＝watch)の代わりに大きな時計(＝clock)を持ち歩いていると勘違いしているので，エ watch「腕時計」が適切。

問2　ア「ジョンは×娘と一緒に新居に住みたい」…本文にない内容。　イ「ジョンは×全部の家具を自分で新居に運んだ」…ジョンが運んだのは時計だけである。　ウ「ジョンは引っ越し業者の男性たちに時計を×壊してほしかった」…壊されたくなかったので自分で運んだ。　エ○「幼い男の子はジョンが時間を知るために時計を持ち運んでいるのだと思った」…文章の最後の男の子の発言と一致。　オ×「ジョンと引っ越し業者の男性たちにとって，一緒に時計を運ぶのは簡単だった」…本文にない内容。

【本文の要約】

ジョンとメアリーは40年前に結婚しました。彼らはロンドンの大きな家で共に暮らしていました。しかし，彼らは⑴そのような(＝such)大きな家は必要ないと感じていました。もっと小さな家に引っ越すべきだと考えるようになりました。そして隣の通りにちょうどいい家を見つけ，それを買うことに⑵決めました(＝decided)。ジョンは引っ越し業者に連絡し，全部の家具を新居に持っていくよう依頼しました。

彼らの家の居間には大変背が高く美しい古い時計がありました。結婚した時に購入した物だったので，その時計はジョンにとってとても特別でした。彼と妻はその時計が大好きで美しい鐘の音を⑶聞くのを楽しんでいました(＝enjoyed listening)。時計はジョンと同じくらいの背丈で，30 キロ以上ありました。彼は新居の居間にその時計を置こうと計画しました。

引っ越し業者の男性たちがやってきた時，ジョンは「おや。彼らはとても忙しそうだ。⑷残念だが(＝I'm afraid)，彼らは私の特別な時計を慎重に運んでくれそうもない。壊してしまうかもしれない！私が自分で運ぼう」それで，彼は時計を腕に抱え新居へと歩き始めました。

時計は⑸あまりに大きく重かったため(＝so big and heavy that)，彼は一休みするために何度も立ち止まらなければなりませんでした。彼が角を曲がった時，幼い男の子が通りの向こうからやってきました。男の子はジョンを見ると笑い始めました。問2エ男の子はジョンに向かって「ねえ，なぜ時間を知るために⑹腕時計(＝watch)を買わないの？」と言いました。

4　1　That is a hotel built in the eighteenth century. : 〈hotel《名詞》 built《過去分詞》 in the eighteenth century《語句》〉過去分詞と語句が後ろから名詞(ここでは hotel)を修飾する文。　・in the＋〇〇《序数》＋century「〇〇《序数》世紀に」文意「あれは 18 世紀に建てられたホテルです」

2　Yes, each of us must practice to win the tournament. :　・each of＋〇〇《複数名詞》「〇〇《複数名詞》のそれぞれ」文意「はい，トーナメントで優勝するために私たちそれぞれが練習しなければなりません」

3　Do you know the girl playing the piano on the stage? : 〈girl《名詞》 playing《現在分詞》 the piano on the stage《語句》〉現在分詞と語句が後ろから名詞(ここでは girl)を修飾する文。文意「ステージでピアノを弾いている少女を知っていますか？」

4　He was the first person who spoke to me in this class. : 〈person who《関係代名詞》 spoke to me《語句》〉関係代名詞と語句が後ろから名詞(ここでは person)を修飾する文。　・the first ~「最初の～」文意「彼はこのクラスで僕に話しかけてくれた最初の人物でした」

5　Do you know how many hospitals our town has?：文中に疑問詞を含む間接疑問の文。Do you know のあとは〈how many hospitals《疑問詞の固まり》＋our town《主語》＋has《動詞》〉の語順になることに注意。

6　I thought it was fifty dollars or more.：I think (that)＋主語＋動詞「～だと思う」の文。　・～ or more「～か，それ以上」文意「それは50ドルか，それ以上したと思いました」

5 【本文の要約】参照。

1　「タカシはサッカーのトーナメントでチーム(　　)にいました」…「最初の試合に勝った」「次の試合は決勝戦だった」より，タカシはチームBにいたとわかる。したがってイが適切。

2　「ユリのチームは最初の試合で(　　)ポイント獲得しました」…ユリのチームは最初の試合でマユミのチームと対戦し，勝っている。したがって，開始10分の時点での獲得ポイントは 12《マユミのチームのポイント数》 ＋ 8《2チームのポイント差》 ＝ 20(ポイント)で，その後さらに12ポイント獲得したので，合計32ポイントとなる。したがってエが適切。

3　「マユミはバスケットボールのトーナメントでチーム(　　)にいました」…マユミのチームは最初の試合に負け（＝G，H，Jのどれか)，対戦相手のユリのチームがその後さらに2試合に勝った(＝I)ので，マユミはチームHにいたとわかる。したがってウが適切。

4　「マユミのチームは(　　)人のメンバーがいました」…まず，マユミとタカシはクラスメイトである。マユミのクラスのバスケットボールチームの女子の人数は，14《クラスの女子の人数》 － 4《サッカー》 － 7《バレーボール》 － 0《ソフトボール》 ＝3(人)　「バスケットボールチームの男子と女子は同数」より，3×2＝6(人)　したがってイが適切。

5　「タカシのクラスには(　　)人の男子がいます」…前問より，バスケットボールチームの男子は3人である。7《サッカー》 ＋ 3《バスケットボール》 ＋ 0《バレーボール》 ＋ 9《ソフトボール》 ＝19(人)　したがってイが適切。

【本文の要約】

タカシは中学生です。彼の学校は5クラスあります。4イ・5イマユミはタカシのクラスメイトです。彼女はクラスの14人の女子のうちの1人です。ケンジ，ヒロシ，ユリは彼らの友達ですが，クラスメイトではありません。

ある日，彼らの学校で体育祭が開催されました。サッカー，バスケットボール，バレーボール，ソフトボールのトーナメントがありました。各クラスの生徒全員はその4つのスポーツから1つを選び，試合に参加しました。

タカシはサッカーチームのメンバーでした。4イ・5イ彼のチームには7人の男子と4人の女子がいました。1イ最初の試合でケンジのチームと対戦し勝ちました。タカシのチームにとって，次の試合は決勝戦でした。ヒロシのサッカーチームは最初の試合に勝ちましたが，トーナメントではタカシのチームとは対戦しませんでした。図は結果を表しています。

4イ・5イマユミはバスケットボールのトーナメントに参加しました。チームの男子と女子は同数でした。最初の試合の対戦相手はユリのチームでした。2エマユミのチームは開始10分で12ポイントを獲得し，その時点でその2つのチームの間には8ポイントの差がありました。その後，それぞれのチームはさらに12ポイントずつ獲得し，試合は終了しました。ユリのチームが勝ちました。3ウ彼女のチームはマユミのチームと対戦した後，さらに2つの試合に勝ちました。

4イ・5イタカシのクラスのバレーボールチームには女子が7人いて，男子はいませんでした。タカシのクラスのソフトボールチームには男子が9人いて，女子はいませんでした。

6 【本文の要約】参照。

問1　前後の内容からウが適切。ア「彼らは全世界を占領した」，イ「彼らは英語よりもフランス語が堪能だった」は不適切。

問２　第４段落は，英語圏の国々への移民によって新たな単語が持ち込まれることについて書かれているから，アが適切。イ「彼らは英国の別の地域出身です」，ウ「彼らは元々アメリカの生まれでした」は不適切。

問３　２文前の文 The prefix *pre*, for example, means “before someone or something.”より，prehistory という単語は〈pre《〜の前》＋history《歴史》〉という成り立ちだから，イが適切。ア「将来起きるであろう全てのものごと」，ウ「今から少しの間，もしくは何か他のものごとが起きたあと」は不適切。

問４　２文前の文 The suffix *er* means “someone who does something.”より，trainer という単語は〈train《訓練する》＋ er《〜する人》〉という成り立ちだから，アが適切。イ「チケットを売ったり確認したりするために電車で移動する人」，ウ「冬場にスポーツをするために着用する暖かい衣類」は不適切。

問５　前後の内容から，イが適切。ア「それらは建物だけに使われる」，ウ「それらがどの言語からきているかを知ることが必要だ」は不適切。

問６　この文の前半が However「しかしながら」から始まることに着目。直前の１文と逆の内容のウが適切。ア「英語に新しい単語が加えられることはないだろう」，イ「英語を話す人々は複合語を使うのをやめるだろう」は不適切。

問７　ア×「フランスは 11 世紀の終わりに英国に占領された」…第２段落の内容と合わない。　イ「接頭辞は，新しい単語をつくりだすために単語の×終わりの部分に付けられる」　ウ○「より多くの英語の単語を理解するためには単語がどのように組み合わせられているかを知るべきだ」…how words are put together は受動態の文で，「単語がどのように組み合わせられているか」という意味。第５，６段落参照。接頭辞，接尾辞，複合語の仕組みを理解することで，知らない単語の意味も推測可能となるので，本文の内容と合う。

【本文の要約】

英語には他の大多数の言語よりも多くの単語があると言われています。なぜ英語にはそんなに多くの単語があるのでしょうか？単語の数はどのようにして増え続けているのでしょうか？これにはいくつかの理由があります。

第１に，1000 年ほど前，フランスが数百年の間英国を占領しました。その時に，約 10000 語が英国に入ってきました。*ticket* や *beef*，*dinner* などの単語がそれにあたります。

第２に，19 世紀に英語は１つの帝国の言語でした。英国は多くの国を占領しました。英国人が自分たちの言語や文化をそれらの国に持ち込みました。彼らは英国に戻る際に 1ウ新たな単語を持ち帰りました。

第３に，外国人はよく英語圏の国に移住しますが，その際に新しい単語を持ち込みます。例えば，*concert*，*hamburger* は英語の単語のように見えますが，2ア他の言語から英語に入ってきました。それらはどの言語からやってきたのでしょうか？辞書で確認してみましょう。

第４に，英語は新たな単語をつくりだすために接頭辞と接尾辞を用います。接頭辞とは単語の１部で，意味を変化させたり新たな単語をつくったりするために単語の始めの部分に付けられます。*in*，*un*，*im*，*pre*，*dis* を付け加えることで多くの新たな英語が出来上がります。それぞれの接頭辞には意味があります。例えば，*pre* という接頭辞は，「誰かの前に，または何かの前に」という意味です。ですから，*prehistory* という単語の意味は簡単に推測できますね。それは，3イ歴史上で，人々が出来事について書き始めるより前の時代という意味です。接尾辞とは単語の１部で，単語の終わりの部分に付けられます。*ish*，*ness*，*ful*，*er* を単語の終わりの部分に付ければ，より多くの単語をつくることができます。*er* という接尾辞は「何かを行う人」を意味します。*trainer* という単語の意味は，知らなくても推測できます。それは 4ア仕事や技術が上達するよう，人や動物に教える人を意味します。

第５に，英語はいつも複合語を付け加えます。*airport*，*bookstore*，*classroom*，*homework* などが複合語です。5イそ

れらが何を意味するか推測するのは簡単です。例えば，*playground* は特に学校や公園にある，子どもたちが遊ぶための場所を意味します。

最後に，多くの単語はただ単につくり出されたものです。*dog* や *fun* などがその例です。これらの単語はただ単に英語に入ってきて，一般的になり，広く使われるようになりました。

英語の単語の数は将来的に増え続けるでしょうか？答えは Yes です。大多数の英語を話す人々はこれを気にしません。しかし，6ゥ外国語として英語を学ぶ人々にとっては問題です。

理科解答

1　問1．1．イ　2．エ　問2．1．イ，エ　2．①×　②○　③○　④×

2　問1．オ，カ　問2．(1)ウ　(2)エ　問3．1．オ　2．エ　3．ウ

3　問1．①ク　②キ　③カ　④オ　⑤エ　⑥ア　問2．①ウ　②エ　③カ　問3．イ
問4．(1)オ　(2)ア　(3)ア　(4)オ　(5)ア

4　問1．ア．1　イ．5　問2．5　問3．ア．5　イ．0　問4．ウ

5　問1．ウ　問2．イ　問3．オ　問4．①オ　②ア　③エ

6　問1．(1)エ　(2)オ　問2．(a)2　(b)4　(c)1　問3．ア，ウ，エ
問4．ア．0　イ．0　ウ．7　問5．ア．5　イ．5　ウ．8

7　問1．(1)オ　(2)イ　(3)エ　(4)ア　問2．名称…イ　特徴…カ　問3．ウ　問4．1．エ　2．ウ

理科解説

1　**問1**　**1**　イ○…図1では，電源装置の電圧が3.0Vで，回路を流れる電流が0.30Aになるのは，回路全体の抵抗が$\frac{3.0(\mathrm{V})}{0.30(\mathrm{A})}$＝10(Ω)のときである。したがって，2.0Ωの抵抗と直列につないだ抵抗Rの大きさが10－2.0＝8.0(Ω)より小さければ，回路に流れる電流が0.30Aより大きくなり，スイッチSが開く。　**2**　エ○…図2では，30Ωの抵抗に流れる電流が$\frac{3.0(\mathrm{V})}{30(\Omega)}$＝0.10(A)だから，抵抗Rに流れる電流が0.30－0.10＝0.20(A)より大きくなると，スイッチSが開く。抵抗Rが$\frac{3.0(\mathrm{V})}{0.20(\mathrm{A})}$＝15(Ω)より小さければ，回路に流れる電流が0.20Aより大きくなり(回路全体に流れる電流が0.30Aより大きくなり)，スイッチSが開く。

問2　**1**　ア×…1秒間に消費された電気エネルギー(W)に，使用時間をかけたものは電力量(J)(Wh)である。ウ×…電圧と電流の大きさの和で表されるものはない。　オ×…電力の大きさは，電圧と電流の大きさの積で表されるから，電流が一定であれば，電圧の大きさに比例する。　**2**　電流の合計が10Aより大きくなるのは，消費電力の合計が250(V)×10(A)＝2500(W)より大きくなるときである。消費電力の合計は，①が1500＋1250＝2750(W)，②が1500＋750＝2250(W)，③が1250＋750＝2000(W)，④が1500＋1250＋750＝3500(W)だから，①と④は使うことができず，②と③は使うことができる。

2　**問1**　ア，イ，エ×…Aではデンプンが分解されずに残り，Bではだ液に含まれるアミラーゼによってデンプンが分解されるから，試薬Xはデンプンの分解物に反応して赤褐色の沈殿ができるベネジクト液，試薬Yはデンプンに反応して青紫色に変化するヨウ素液だと考えられる。　ウ×…温度が異なる条件で実験を行っていないので，温度と消化酵素のはたらき方についての関係は何もわからない。

問２　デンプンの分解物が含まれているのはＢだから，Ｂとデンプン溶液の条件(有無)だけを変えて実験を行えばよい。試験管内の溶液の体積の条件が４mLで変わらないように，だ液２mLだけでなく水２mLも入れて同様の操作をし，デンプンの分解物が検出されなければ(試薬Ｘが反応しなければ)，だ液がデンプンの分解物に変化したのではないことを確かめられる。

問３　アはだ液せん，イは肺，ウは肝臓，エは胆のう，オは胃，カはすい臓，キは小腸，クは大腸である。なお，１のペプシンを含む酸性の消化液は胃液，２の消化酵素を含まないが，脂肪の消化を助ける液は胆汁(つくるのは肝臓で，出すのは胆のう)である。

3　**問３**　イ○…図４のカメラはレンズの焦点距離を変えることができないため，レンズとスクリーンの距離を変えることでピントを調整している。これに対し，目はレンズとスクリーン(網膜)の距離を変えることができないため，レンズの焦点距離(レンズの厚さ)を変えることでピントを調整している。

問４　(1)オ○…∠ＰＯＱと∠Ｐ′ＯＱ′が対頂角で等しく，ＰＱとＰ′Ｑ′はどちらも光軸に対して垂直だから，２組の角がそれぞれ等しい。　(2)ア○…スクリーン上に映る上下(左右)が逆の像である。　(3)ア○…相似を利用すると，ＰＱ：Ｐ′Ｑ′＝ＰＯ：Ｐ′Ｏ＝ａ：ｂとなる。　(4)オ○…ＯＡ：Ｐ′Ｑ′＝OF_2：$P'F_2$＝ｆ：(ｂ－ｆ)

(5)ア○…ａ：ｂ＝ｆ：(ｂ－ｆ)　ｂｆ＝ａ(ｂ－ｆ)　ａｆ＋ｂｆ＝ａｂ　ｆ(ａ＋ｂ)＝ａｂ　$f=\dfrac{ab}{a+b}$

4　**問１**　$\dfrac{60\,(\text{km})}{4.0\,(\text{km/s})}$＝15(秒後)

図Ｉ

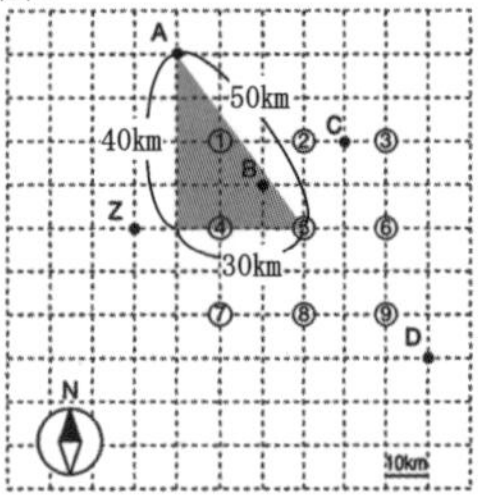

問２　Ａの震央からの距離は50.0kmである。図Ｉの色のついた直角三角形の辺の長さの比が３：４：５であることに着目すると，⑤が震央だとわかる。

問３　図１で，Ｚから⑤までの距離が40km，⑤の真下の震源までの距離が30kmだから，Ｚ，⑤，震源の３点を頂点とする直角三角形の辺の長さの比は３：４：５になる。したがって，Ｚから震源までの距離は50kmである。

問４　図２より，震源からの距離が50kmの地点では，震源からの距離が約52kmのＤでの初期微動継続時間よりわずかに短くなることがわかる。表より，Ｄでの初期微動継続時間は13.0－8.7＝4.3(秒)だから，ウが正答となる。

5　**問１**　ウ○…フェノールフタレイン溶液はアルカリ性で赤色に変化し，青色リトマス紙は酸性で赤色に変化する。表より，Ａはアルカリ性(ｂが残っている)，Ｂは中性(ａとｂが過不足なく反応して食塩水になっている)，Ｃ～Ｅは酸性(ａが残っている)である。塩酸と金属が反応すると，水素が発生する。

問２　イ○…ＢＴＢ溶液は酸性で黄色，中性で緑色，アルカリ性で青色に変化する。

問３　Ｂより，ａとｂは体積比が12：30＝２：５で過不足なく反応する。ａは合計で10＋12＋14＋16＋18＝70(cm³)，ｂは合計で30×５＝150(cm³)であり，70cm³のａをすべて反応させるにはｂが$70\times\dfrac{5}{2}$＝175(cm³)必要だから，ｂを175－150＝25(cm³)加えれば中性になる。

問４　水溶液中では塩化物イオンとナトリウムイオンは結びつかない。このため，①は加えたｂの体積に比例して数が増えていき(オ)，②ははじめに水溶液中にあった数から変化しない(ア)。また，③は水溶液中に水素イオンがあるときは水素イオンと結びつくので数が増えないが，水素イオンがなくなるとそれ以降に加えたｂの体積に比例して数が増えていく(エ)。

6　**問２**　反応の前後で原子の種類と数が等しくなるようにする。Agに着目するとａ：ｂ＝１：２であり，Oに着目するとａ：ｃ＝２：１である。したがって，ａの比の数値を２にそろえると，ａ：ｂ：ｃ＝２：４：１となる。

問３　イ×…磁石に引き寄せられるのは鉄などの一部の金属の性質であり，銀は磁石に引き寄せられない。
オ×…金属は水に溶けない。

問4　酸化銀の分解によって発生した酸素は空気中に出ていくから，表で，加熱前後の皿全体の質量の差が発生した酸素の質量である。したがって，13.56−13.49＝0.07(g)が正答となる。

問5　問4より，酸化銀1.00gの分解によって発生する酸素が0.07gだから，1.00gの6倍の6.00gの酸化銀を分解すれば0.07gの6倍の0.42gの酸素が発生する。したがって，生成する銀は6.00−0.42＝5.58(g)である。

[7] **問1**　(1)図1の色のついた2つの四角形は相似であり，太陽から遠くにある四角形のそれぞれの辺の長さは近くにある四角形の1.5倍→$\frac{3}{2}$倍である。したがって，面積は$\frac{3}{2}\times\frac{3}{2}=\frac{9}{4}$(倍)である。　(2)光があたる面積が$\frac{9}{4}$倍に広がれば，単位面積あたりの光のエネルギーはその逆数の$\frac{4}{9}$倍になる。　(3)半径が半分→$\frac{1}{2}$倍であれば，面積は$\frac{1}{2}\times\frac{1}{2}=\frac{1}{4}$(倍)である。　(4)$\frac{4}{9}\times\frac{1}{4}=\frac{1}{9}$(倍)

問2　イ，カ○…太陽が，離れたところにある地球の地面を直接あたためている。

問3　ウ×…火星の大気は主に二酸化炭素から構成されている。

問4　1　エ○…平面に降った水量(R)から水たまりに残った水量(P)以外を引けばよい。　2　ウ○…5㎜→0.005mより，100㎡に降った雨の体積は100×0.005＝0.5(㎥)である。1㎥＝1000Lより，0.5㎥は500Lであり，その10％の500×0.1＝50(L)が地中に浸透した。

社会解答

[1] 問1．エ　問2．イ　問3．エ　問4．ア

[2] 問1．ウ　問2．ア　問3．ウ

[3] 問1．エ　問2．ア

[4] 問1．キ　問2．イ

[5] 問1．ウ　問2．エ　問3．イ

[6] 問1．イ　問2．①エ　②イ　問3．ア　問4．ア

[7] 問1．カ　問2．エ　問3．ウ

[8] 問1．ウ　問2．ア　問3．エ　問4．ア

社会解説

[1] **問1**　エが正しい。人口密度が高く人口高齢化率が低いcはアフリカと判断できる。また，人口高齢化率の高いヨーロッパとオセアニアを比較したとき，オセアニアの方が人口密度は低いと考えて，aがオセアニア，bがヨーロッパと判断する。

問2　イが正しい。ピラミッドの底辺が小さいほど，少子化が進み，底辺が大きいほど人口増加が続いている。説明文に，「フランスは，…，低下に歯止めをかけることに成功した。」とあるので，ほぼ上下の幅が変わらない釣り鐘型のイをフランスと判断する。アはインド(富士山型)，ウは日本(つぼ型)，エは中国(つぼ型)である。中国のピラミッドは，富士山型から釣り鐘型を経ないでつぼ型に移行し，一人っ子政策の影響で男子の人口の方が女子より多い左右非対称なピラミッドとなっている。

問3　エが正しい。スペインとポルトガルが中南米のアステカ帝国やインカ帝国などを征服し，ブラジルをポルトガルが，ブラジル以外をスペインが支配することになった説明である。

問4　アが正しい。イについて，Xは英語であるが，母語人口は6言語のうち3番目に多い。ウについて，Yはアラビア語であるが，母語人口は6言語のうち4番目に多く，使用国・地域数も4番目に多い。エについて，Zはフランス語であるが，母語人口は6言語のうち最も少ない。

[2] **問1**　ウが正しい。千葉県銚子市は，夏に降水量が多く冬に乾燥する太平洋側の気候に属し，9月ごろに台風の影響を受けやすく降水量が多くなる。「い」の秋田県秋田市は，北西季節風と暖流である対馬海流の影響で，冬の降水量が多い日本海側の気候に属するからBである。「ろ」の長野県松本市は，1年を通して降水量が少なく，夏と冬の気温差が激しい内陸性の気候に属するからDである。「に」の愛媛県松山市は，比較的温暖で，1年を通して降水量が少なく，梅雨の時期が最も降水量が多くなる瀬戸内の気候に属するからAである。

問2　アが正しい。長野県は，レタスやキャベツなどの野菜とリンゴやブドウなどの果実栽培がさかんだから，アと判断する。イは果実が多く米が少ないことから「に」の愛媛県，ウは野菜が突出して多いことから，大都市東京に向けて大量に野菜を出荷する近郊農業がさかんな「は」の千葉県，エは米が突出して多いことから，米どころ東北地方の「い」の秋田県である。

問3　ウが正しい。「ろ」の長野県では精密機械工業がさかんだから，Zが電子部品・デバイス・電子回路と判断する。「は」の千葉県には石油化学コンビナートが広がるから，Xが石油・石炭製品と判断する。

[3] **問1**　エが正しい。写真1の①はギリシャのアクロポリス(パルテノン神殿)，②は中国の万里の長城，③はエジプトのギザのピラミッドである。[1]の世界地図を参考にすれば，西から①-③-②の順に位置することがわかる。また，南から③-①-②の順に位置することもわかる。

問2　アが正しい。写真は北海道の知床である。イは京都，ウは日光東照宮であり，いずれも世界文化遺産に登録されている。エの石川県には世界遺産はない。

[4] **問1**　キが正しい。Dの志賀島は，「い」の金印が出土した地で，『後漢書』東夷伝には，倭の奴国の王の使者が後漢に赴き，洪武帝から金印を与えられたとの記述がある。Aの三内丸山遺跡は，①と関連するが写真にあてはまるものがない。Bの稲荷山古墳は，「は」・③と関連がある。稲荷山古墳から出土した鉄剣と熊本県の江田船山古墳から出土した鉄刀にともにワカタケルの文字が刻まれていたことから，朝廷の勢力が九州から関東まで及んでいたことがわかっている。Cの百舌鳥・古市古墳群は，「ろ」と関連するが説明文にあてはまるものがない。

問2　イが正しい。Xは長岡京であり，784年から794年にかけての都であった。政治に関与する仏教勢力を遠ざけるために平城京から長岡京への遷都が行われたが，官吏の暗殺・早良親王の反逆・ききん・洪水などが次々と起こったために，和気清麻呂の提案によって，わずか10年後の794年に平安京への遷都が行われた。アについて，坂上田村麻呂による蝦夷征討は，征夷大将軍に任命された8世紀後半には，太平洋側は現在の宮城県から岩手県にかけて，日本海側は秋田県あたりまで侵攻していた。Yは，持統天皇の時代に建設された，日本で最初の本格的な都である藤原京である。Zは，唐・新羅との連合軍との戦い(白村江の戦い)に敗れた中大兄皇子が，外国の侵入に備えて建設した山城(大野城)である。

[5] **問1**　ウが正しい。史料Aは，奈良時代の聖武天皇についての記述である。聖武天皇の治世の743年に墾田永年私財法が制定された。アは安土桃山時代の太閤検地，イは明治時代の地租改正，エは鎌倉時代の源頼朝の治世についての記述である。

問2　エが正しい。平清盛についての記述である。平治の乱で源義朝を破った平清盛は，後白河上皇の保護を受けて，武士として初めて太政大臣の位につき，一族を高い位につけ，また，娘の徳子を高倉天皇に嫁がせ，外戚として権力をふるった。アは後醍醐天皇による建武の新政，イは藤原純友の乱，ウは応仁の乱についての記述である。

問3　イが正しい。A(大仏造立の詔・743 年)→B(白河上皇による院政の開始・1086 年)→D(鎌倉幕府の滅亡・1333 年)→C(王政復古の大号令・1867 年)だから，1096 年から始まった十字軍遠征のイを選ぶ。アは 15 世紀から 16 世紀にかけて，ウは紀元前６世紀頃，エは 17 世紀の出来事である。

6　**問１**　イが正しい。文中の「翌年には…ラジオの本放送が始まり」とあることから大正時代とわかるので，Ｂを選ぶ。「前年の震災」＝関東大震災(1923 年)からも判断できる。Ａは明治時代，Ｃは昭和時代の太平洋戦争中，Ｄは昭和時代の高度経済成長期の記述である。

問２①　エが正しい。東海道新幹線は 1964 年の東京オリンピックに合わせて開業されたから，C(1941〜1945 年)とD(1965 年頃)の間である。　②　イが正しい。大日本帝国憲法の発布は 1889 年のことだから，A(1876 年)とB(1924 年)の間である。Ａの「翌年には西日本で大きな反乱」とは，西南戦争(1877 年)のことである。

問３　アが正しい。幕末に開国すると，良質な生糸が大量に輸出され，機械で大量生産された綿糸や綿織物が輸入されていた。その後，産業革命によって多くの紡績工場が建設され，原料である綿花を輸入し，製品である綿糸や綿織物を輸出できるようになっていった。

問４　アが正しい。中華人民共和国の建国は 1949 年のことである。イは 1978 年，ウは 1840 年，エは 1911 年。

7　**問１**　カが正しい。Ａは裁判所，Ｂは内閣，Ｃは国会である。国民審査は，裁判官の任命ではなく，裁判官の継続の承認・罷免を行うものだから，Ｘの文だけが誤っている。

問２　エが正しい。イは参政権ではなく請求権である。イは表現の自由ではなく経済活動の自由である。ウについて，そもそも国籍を理由に採用を取り消すことは，差別的扱いであり許されない。

問３　ウが正しい。憲法改正の手順は，衆議院と参議院のそれぞれで，総議員の３分の２以上の賛成をもって，国会が憲法改正の発議をし，国民投票によって，有効投票の過半数の賛成をもって，天皇が国民の名において，改正を公布する。

8　**問１**　ウが正しい。正規雇用と非正規雇用の割合は，およそ６：４である。アについて，能力主義と年功序列賃金が逆である。イについて，終身雇用の正規雇用者でも労働組合への加入は可能である。エについて，働き方改革は進んでいるが，まだ過労死による問題がなくなったわけではない。

問２　アが正しい。需要曲線が右にシフトするのは，需要が高まった場合だから，アを選ぶ。一般に需要曲線の右への移動は需要の増加，左への移動は需要の減少を意味する。また，供給曲線の右への移動は供給の増加，左への移動は供給の減少を意味する。

問３　エが正しい。株主の有限責任の記述である。アについて，銀行が行うのは間接金融だから，預金者が貸出先を決めることはない。イについて，銀行が預金者に支払うのは，配当ではなく利子である。ウについて，株式の売買は出資者が投資先を決めることができるので，企業が株式を発行して資金を調達することは直接金融となる。

問４　アが正しい。イについて，ＰＬ法では，欠陥製品で被害を受けた消費者は，製品の欠陥の原因がその製品を製造した企業の過失であると証明しなくても損害賠償を請求できるとしている。ウについて，独占禁止法では，寡占市場の企業間で価格協定を結ぶこと(カルテル)を禁止している。エについて，ＰＯＳシステムを利用して商品の販売動向を分析することは認められている。

令和2年度入学者選抜学力検査解答用紙

氏名を記入しなさい。

氏名	

受検番号を記入し，受検番号と一致したマーク部分を塗りつぶしなさい。

受検番号				
万位	千位	百位	十位	一位
⓪	⓪	⓪	⓪	⓪
①	①	①	①	①
②	②	②	②	②
③	③	③	③	③
④	④	④	④	④
⑤	⑤	⑤	⑤	⑤
⑥	⑥	⑥	⑥	⑥
⑦	⑦	⑦	⑦	⑦
⑧	⑧	⑧	⑧	⑧
⑨	⑨	⑨	⑨	⑨

注意事項

1　解答には，必ず**HBの黒鉛筆を**使用し，「マーク部分塗りつぶしの見本」を参考に◯を塗りつぶすこと。

2　解答を訂正するときは，きれいに消して，消しくずを残さないこと。

3　指定された欄以外を塗りつぶしたり，文字を記入したりしないこと。

4　汚したり，折り曲げたりしないこと。

マーク部分塗りつぶしの見本					
良い例	悪い例				
●	レ点	棒	薄い	はみ出し	丸囲み

解　答　欄

1	問1	
	問2	
	問3	
	問4	
2	問1	
	問2	
	問3	
3	問1	
	問2	
4	問1	
	問2	
5	問1	
	問2	
	問3	
6	問1	
	問2	①
		②
	問3	
	問4	
7	問1	
	問2	
	問3	

6	問1	(1)	㋐	㋑	㋒	㋓	㋔					
		(2)	㋐	㋑	㋒	㋓	㋔					
	問2	(a)	①	②	③	④	⑤	⑥	⑦	⑧	⑨	
		(b)	①	②	③	④	⑤	⑥	⑦	⑧	⑨	
		(c)	①	②	③	④	⑤	⑥	⑦	⑧	⑨	
	問3		㋐	㋑	㋒	㋓	㋔					
			㋐	㋑	㋒	㋓	㋔					
			㋐	㋑	㋒	㋓	㋔					
	問4	ア	①	②	③	④	⑤	⑥	⑦	⑧	⑨	⓪
		イ	①	②	③	④	⑤	⑥	⑦	⑧	⑨	⓪
		ウ	①	②	③	④	⑤	⑥	⑦	⑧	⑨	⓪
	問5	ア	①	②	③	④	⑤	⑥	⑦	⑧	⑨	⓪
		イ	①	②	③	④	⑤	⑥	⑦	⑧	⑨	⓪
		ウ	①	②	③	④	⑤	⑥	⑦	⑧	⑨	⓪

7	問1	(1)	㋐	㋑	㋒	㋓	㋔	㋕		
			㋖	㋗	㋘	㋙	㋚	㋛		
		(2)	㋐	㋑	㋒	㋓	㋔	㋕		
			㋖	㋗	㋘	㋙	㋚	㋛		
		(3)	㋐	㋑	㋒	㋓	㋔	㋕		
			㋖	㋗	㋘	㋙	㋚	㋛		
		(4)	㋐	㋑	㋒	㋓	㋔	㋕		
			㋖	㋗	㋘	㋙	㋚	㋛		
	問2	名称	㋐	㋑	㋒					
		特徴	㋓	㋔	㋕					
	問3		㋐	㋑	㋒	㋓				
	問4	1	㋐	㋑	㋒	㋓				
		2	㋐	㋑	㋒	㋓	㋔	㋕	㋖	㋗

4 問1～4…3点×4
5 問1，2…2点×2　問3…4点　問4…2点×3
6 問1…2点　問2～5…3点×4
7 問1…2点×4　問2～3…2点×2　問4…2点×2

令和2年度入学者選抜学力検査解答用紙

氏名を記入しなさい。

氏名	

受検番号を記入し，受検番号と一致した
マーク部分を塗りつぶしなさい。

受検番号				
万位	千位	百位	十位	一位
⓪	⓪	⓪	⓪	⓪
①	①	①	①	①
②	②	②	②	②
③	③	③	③	③
④	④	④	④	④
⑤	⑤	⑤	⑤	⑤
⑥	⑥	⑥	⑥	⑥
⑦	⑦	⑦	⑦	⑦
⑧	⑧	⑧	⑧	⑧
⑨	⑨	⑨	⑨	⑨

注意事項

1　解答には，必ず**HBの黒鉛筆を**使用し，「マーク部分塗りつぶしの見本」を参考に◯を塗りつぶすこと。

2　解答を訂正するときは，きれいに消して，消しくずを残さないこと。

3　数値を解答する場合の解答方法は，問題用紙の注意事項を確認すること。

4　指定された欄以外を塗りつぶしたり，文字を記入したりしないこと。

5　汚したり，折り曲げたりしないこと。

マーク部分塗りつぶしの見本					
良い例	悪い例				
●	レ点	棒	薄い	はみ出し	丸囲み

令和2年度入学者選抜学力検査解答用

氏名を記入しなさい。

氏名	

受検番号を記入し，受検番号と一致したマーク部分を塗りつぶしなさい。

受検番号				
万位	千位	百位	十位	一位
⓪	⓪	⓪	⓪	⓪
①	①	①	①	①
②	②	②	②	②
③	③	③	③	③
④	④	④	④	④
⑤	⑤	⑤	⑤	⑤
⑥	⑥	⑥	⑥	⑥
⑦	⑦	⑦	⑦	⑦
⑧	⑧	⑧	⑧	⑧
⑨	⑨	⑨	⑨	⑨

注意事項

1　解答には，必ず**HBの黒鉛筆**を使用し，「マーク部分塗りつぶしの見本」を参考に◯を塗りつぶすこと。

2　解答を訂正するときは，きれいに消して，消しくずを残さないこと。

3　指定された欄以外を塗りつぶしたり，文字を記入したりしないこと。

4　汚したり，折り曲げたりしないこと。

マーク部分塗りつぶしの見本					
良い例	悪い例				
●	レ点	棒	薄い	はみ出し	丸囲み

解答欄

1	1	
	2	
	3	
	4	
	5	

2	1	
	2	
	3	
	4	
	5	

3	問 1	(1	
		(2	
		(3	
		(4	
		(5	
		(6	
	問 2		

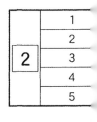

4	(1)	ア	⊖	0	1	2	3	4	5	6	7	8	9
		イ	⊖	0	1	2	3	4	5	6	7	8	9
	(2)	ウ	⊖	0	1	2	3	4	5	6	7	8	9
		エ	⊖	0	1	2	3	4	5	6	7	8	9
		オ	⊖	0	1	2	3	4	5	6	7	8	9
		カ	⊖	0	1	2	3	4	5	6	7	8	9
	(3)	キ	⊖	0	1	2	3	4	5	6	7	8	9
		ク	⊖	0	1	2	3	4	5	6	7	8	9
		ケ	⊖	0	1	2	3	4	5	6	7	8	9

2 (1)…３点×２　(2)…４点　(3)…５点　(4)…５点
3 (1)(ア)…３点　(イ)～(ウ)…３点　(エ)～(カ)…２点　(2)…３点×２　(3)…３点×２
4 (1)～(3)…５点×４

令和2年度入学者選抜学力検査解答用紙

氏名を記入しなさい。

氏名	

受検番号を記入し，受検番号と一致したマーク部分を塗りつぶしなさい。

受検番号				
万位	千位	百位	十位	一位
0	0	0	0	0
1	1	1	1	1
2	2	2	2	2
3	3	3	3	3
4	4	4	4	4
5	5	5	5	5
6	6	6	6	6
7	7	7	7	7
8	8	8	8	8
9	9	9	9	9

注意事項

1　解答には，必ず**HBの黒鉛筆を**使用し，「マーク部分塗りつぶしの見本」を参考に◯を塗りつぶすこと。

2　解答を訂正するときは，きれいに消して，消しくずを残さないこと。

3　求めた値に該当する符号や数値の箇所のマーク部分を塗りつぶすこと。具体的な解答方法は，問題用紙の注意事項を確認すること。

4　指定された欄以外を塗りつぶしたり，文字を記入したりしないこと。

5　汚したり，折り曲げたりしないこと。

マーク部分塗りつぶしの見本					
良い例	悪い例				
●	レ点	棒	薄い	はみ出し	丸囲み

令和2年度入学者選抜学力検査解答用紙

氏名を記入しなさい。

氏名	

受検番号を記入し，受検番号と一致したマーク部分を塗りつぶしなさい。

受検番号				
万位	千位	百位	十位	一位
⓪	⓪	⓪	⓪	⓪
①	①	①	①	①
②	②	②	②	②
③	③	③	③	③
④	④	④	④	④
⑤	⑤	⑤	⑤	⑤
⑥	⑥	⑥	⑥	⑥
⑦	⑦	⑦	⑦	⑦
⑧	⑧	⑧	⑧	⑧
⑨	⑨	⑨	⑨	⑨

注意事項

1　解答には，必ず**HBの黒鉛筆を**使用し，「マーク部分塗りつぶしの見本」のとおりに○を塗りつぶすこと。

2　解答を訂正するときは，きれいに消して，消しくずを残さないこと。

3　指定された欄以外を塗りつぶしたり，文字を記入したりしないこと。

4　汚したり，折り曲げたりしないこと。

マーク部分塗りつぶしの見本					
良い例	悪い例				
●	レ点	棒	薄い	はみ出し	丸囲み

解　答　欄

1	（1）	
	（2）	
	（3）	
	（4）	
	（5）	
	（6）	

2	問1	
	問2	
	問3	
	問4	
	問5	
	問6	
	問7	

3	問1		
	問2		
	問3	a	
		b	
		c	
	問4		
	問5		
	問6		
	問7		
	問8		

問1　AからDの**史料**は，それぞれある出来事を示したものである。**史料A**の時期のようすとして正しいものを，次のアからエのうちから一つ選べ。

ア　全国の田畑の面積や土地のよしあしを調べて収穫高を石高で表し，検地帳を作成して，耕作者を記録した。

イ　全国の土地の地価を定め，それぞれの土地の所有者を確定して，土地所有者が現金で税を納めることにした。

ウ　新しく開墾した土地を私有地にすることが認められたことで，貴族や寺社が大規模な開墾を進め，私有地を広げはじめた。

エ　荘園や公領ごとに地頭を置くことが認められ，年貢の取り立てや土地の管理などを行うようになった。

問2　**史料D**の下線部の説明として正しいものを，次のアからエのうちから一つ選べ。

ア　この争いで勝利した天皇は，公家や武士を従えて，天皇を中心とした新しい政治をめざして年号を建武《けんむ》と改めた。

イ　この争いでは，国司であった人物が武士を率いて瀬戸内海で反乱を起こし，朝廷の貴族に大きな衝撃を与えた。

ウ　この争いでは，全国の守護大名が二つの陣営に分かれて10年あまり戦い，戦場になった都は荒廃した。

エ　この争いで勝利した人物は，上皇の信任を得て，武士としてはじめて太政大臣《だいじょうだいじん》の位に就き，権力をふるった。

問3　AからDの**史料**が示す出来事を年代の古い順に並べ直したとき，<u>2番目と3番目の間に入る出来事</u>を，次のアからエのうちから一つ選べ。

ア　ポルトガルがアジアに進出し，香辛料を中心とする貿易を始めた。

イ　ローマ教皇の呼びかけによって，十字軍が数回にわたって遠征した。

ウ　インドでシャカ（釈迦《しゃか》，釈迦牟尼《しゃかむに》，ガウタマ＝シッダールタ）が仏教を開いた。

エ　女真族《じょしんぞく》が清を建国し，明に代わって，中国を支配した。

6 次のＡからＤの自伝の各文章は，それぞれの時代の女性が「この年」の前後の経験について語った想定の文章である。問１から問４までの各問いに答えよ。なお，ＡからＤの文中の「この年」は年代順に並べてある。

> 自伝
>
> Ａ　私は地方の中級武士の家の次女に生まれました。政府が近在《きんざい》に洋式製糸場を建てるというので，知人の薦《すす》めで女工に志願しました。私たちは和服の上に袴《はかま》をはき，ブリュナ殿がフランスから招いた女性たちから指導を受けました。フランスの方々は前年末で契約終了となり，この年フランスにお帰りになりました。翌年には西日本で大きな内乱がありました。
>
> Ｂ　私は横浜のキリスト教系の女学校へ通いました。新たに赴任された校長の下で，前年の震災で倒壊した校舎の建て替えが始まり，水兵さんの軍服を真似た制服もこの年に採用されました。この頃はまだ女学校へ進学する女性はわずかでしたが，世間では電話交換士やバスガールなどになって働く女性もあらわれました。
>
> Ｃ　当時私が通っていた高等女学校では，厚生省の奨励で多くの女生徒がもんぺとよばれる作業着を着させられました。戦争が激しくなると，私は勤労動員で近くの軍需工場へ働きに行かされました。この年，兄は学徒出陣で戦場へ行き，国民学校に通っていた弟は長野県へ集団疎開しました。戦争は翌年に終わりました。
>
> Ｄ　この年，地方の高校を卒業後直ちに，集団就職で京浜地区の電機会社に就職して，トランジスタラジオ工場で働き始めました。しかし，前年のオリンピックが終わった反動の不景気で会社は私が就職したその年の年末には倒産してしまいました。私は赤坂《あかさか》の洋食屋で新たに雇っていただけることになりました。この二年後にはイギリス出身の有名なモデルさんが来日し，ミニスカートが大流行しました。

問１　次の文章は，自伝のいずれか一つの続きである。この文章が続くと思われる元の自伝を，下のアからエのうちから一つ選べ。

> 前年まで発行されていた『白樺《しらかば》』には志《し》賀《が》直《なお》哉《や》らが投稿していました。また，芥川《あくたがわ》龍《りゅう》之《の》介《すけ》が前年から別の文芸雑誌に「侏儒《しゅじゅ》の言葉」を連載し始めました。そしてなにより私たちを夢中にさせたのが竹久夢二《たけひさゆめじ》の作品で，ある雑誌の表紙に使われたこの年の木版画の「秋のしらべ」もたいへんな人気になりました。また，翌年には東京からのラジオの本放送が始まりました。

ア　Ａ　　イ　Ｂ　　ウ　Ｃ　　エ　Ｄ

問２　次の画像①と②が示す出来事を自伝の年代に対応させたとき，それぞれに当てはまる時期を，下のアからエのうちから一つずつ選べ。

①

（夢の超特急第一列車の発車式（撮影地：東京駅））

②

（安達吟光「新皇居於テ正殿憲法発布式之図」の一部分）

ア　Ａより前　　イ　ＡとＢの間　　ウ　ＢとＣの間　　エ　ＣとＤの間

問３　次の表は自伝のＡの年とＢの年の日本の貿易額に生糸，綿花，綿糸が占める割合を示したものである。表のＸからＺに当てはまる品目の組み合わせとして正しいと思われるものを，下のアからカのうちから一つ選べ。

表

品目	Ａの年の輸入額に占める割合	Ａの年の輸出額に占める割合	Ｂの年の輸入額に占める割合	Ｂの年の輸出額に占める割合
Ｘ	1.90%	0%	24.67%	0%
Ｙ	17.37%	0%	0.18%	6.12%
Ｚ	0%	47.63%	0.11%	37.81%

（『日本貿易精覧』東洋経済新報社より作成）

品目	ア	イ	ウ	エ	オ	カ
Ｘ	綿花	綿花	綿糸	綿糸	生糸	生糸
Ｙ	綿糸	生糸	綿花	生糸	綿花	綿糸
Ｚ	生糸	綿糸	生糸	綿花	綿糸	綿花

問４　自伝のＣとＤの間の時期に起きた出来事を，次のアからエのうちから一つ選べ。

ア　中華人民共和国が成立した。　　イ　日中平和友好条約が締結された。

ウ　アヘン戦争が起きた。　　エ　辛亥《しんがい》革命が起きた。

7 次のⅠからⅢの内容を読み，問1から問3までの各問いに答えよ。

Ⅰ　そもそも国政は，国民の厳粛な信託によるものであつて，(1)その権威は国民に由来し，その権力は国民の代表者がこれを行使し，その福利は国民がこれを享受する。

Ⅱ　この憲法が国民に保障する(2)基本的人権は，侵すことのできない永久の権利として，現在及び将来の国民に与へられる。

Ⅲ　(3)憲法改正について前項の承認を経たときは，天皇は，国民の名で，この憲法と一体を成すものとして，直ちにこれを公布する。

問1　下線部(1)に関して，次の図中のAからCは，国会，内閣，裁判所の三権のいずれかで，矢印P，Qはその方向にはたらきかけることができる権限の一部を示している。また，矢印XからZは，国民が三権に対してはたらきかけることができることを示している。XからZについての下の記述の中から，正しいものをすべて選んだものを，後のアからキのうちから一つ選べ。

図

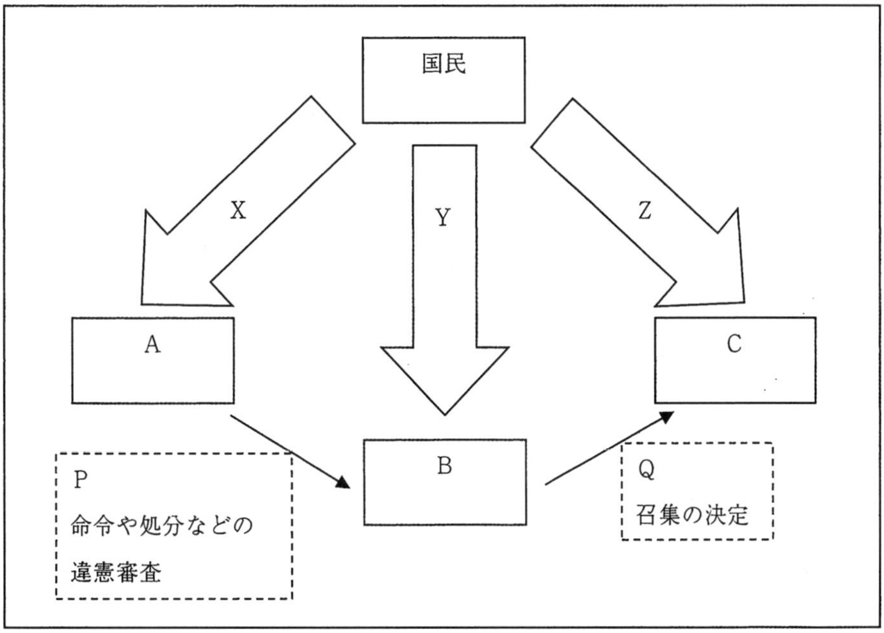

X　国民審査を行い，Aの主な役職を任命する。

Y　報道機関などが行う調査を通じて，Bに対する支持や不支持といった意見を表明する。

Z　投票することにより，Cを構成する議員を選ぶ。

ア　X　　イ　Y　　ウ　Z　　エ　XとY

オ　XとZ　　カ　YとZ　　キ　XとYとZ

問2　下線部(2)に関して，次の**説明文**①から④は，日本国憲法で保障されている基本的人権に関わる訴訟を示している。これらの訴訟において，原告側または被告側のいずれかによって主張されたことについての説明として最も適当なものを，下のアからエのうちから一つ選べ。

説明文

① 改修した河川の堤防が決壊し，多くの家が流されたり浸水したりしたため，被害を受けた人々が河川の管理にあたっていた国の責任を問い，損害賠償を求めて訴えた。

② 県に薬局の営業許可を求めたところ，近くに他の薬局があるという理由で許可されなかったため，不許可の処分を取り消して営業できるようにすることを求めて訴えた。

③ 日本名で就職試験を受けて採用が決まった在日外国人が，のちに日本国籍をもたないことをその企業に伝えたところ採用取り消しとなったため，取り消し無効を求めて訴えた。

④ 長年の入院で生活が苦しいため生活保護を受けていたが，兄から仕送りを受けられるようになると生活保護が減額されたため，生活保護の基準が低すぎるとして訴えた。

ア　①は，国が責任を負わないことは参政権を十分に保障していないと主張された訴訟である。

イ　②は，営業不許可処分は他の薬局の表現の自由の保障のためであると主張された訴訟である。

ウ　③は，採用を取り消すことは企業側の職業選択の自由にあたると主張された訴訟である。

エ　④は，生活保護の基準は生存権を十分に満たすものではないと主張された訴訟である。

問3　下線部(3)に関して，憲法改正の発議と承認についての記述として正しいものを，次のアからエのうちから一つ選べ。

ア　憲法改正の発議は，衆議院と参議院が合同で審議し，採決にあたっては二院の定数の合計の3分の2以上の賛成を必要とする。

イ　憲法改正の発議は，衆議院と参議院が別々に審議し，採決にあたってはそれぞれの院でその定数の過半数の賛成を必要とする。

ウ　国会による発議の後，その承認には18歳以上の有権者が投票権をもつ国民投票を実施し，有効投票総数の過半数の賛成を必要とする。

エ　国会による発議の後，その承認には有権者のうち投票の時点で成人となっている者が投票権をもつ国民投票を実施し，有効投票総数の3分の2以上の賛成を必要とする。

8 問１から問４までの各問いに答えよ。

問１ わが国における最近の労働および雇用の状況についての説明として正しいものを，次のアからエのうちから一つ選べ。

ア 経済のグローバル化と技術革新の進展によって，賃金のあり方を能力主義から年功序列賃金に見直す企業が増加してきている。

イ 終身雇用を採用している企業の正規雇用者は，採用時に企業と結んだ雇用契約が定年退職するときまで有効となるので，労働組合への加入ができない。

ウ 経済状況に応じて雇用を調整しやすく，正規雇用者に比べて賃金が低い非正規雇用者の割合は，全雇用者の30％を超えている。

エ 成果主義を導入する企業が増加したことで，ワーク・ライフ・バランスの実現が可能となり，働きすぎによる過労死の問題がなくなった。

問２ 自由競争が行われている市場では，**図１**のように需要量と供給量が一致するところで商品の価格が決まるとされ，このようにして決まる価格を均衡《きんこう》価格と呼ぶ。しかしながら，さまざまな理由によって需要曲線や供給曲線は移動することがあり，その結果，均衡価格は上昇したり，下落したりすることがある。**図２**に示したように需要曲線が矢印の方向に移動した結果，均衡価格が上昇したとき，その理由として最も適当なものを，下のアからエのうちから一つ選べ。ただし，いずれの場合も他の事情は一定であるとし，また，供給曲線の移動はないものとする。

図１

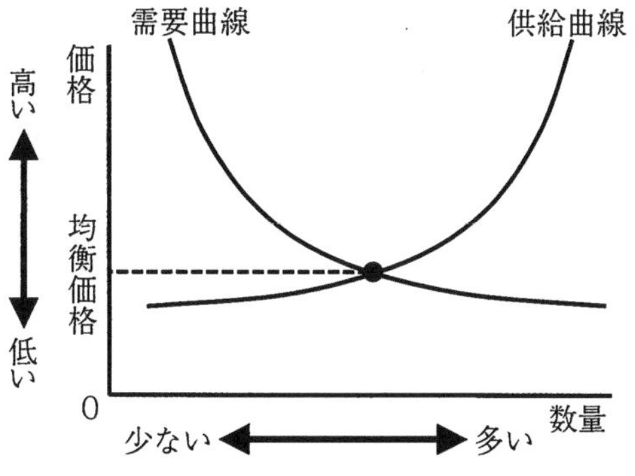

図２

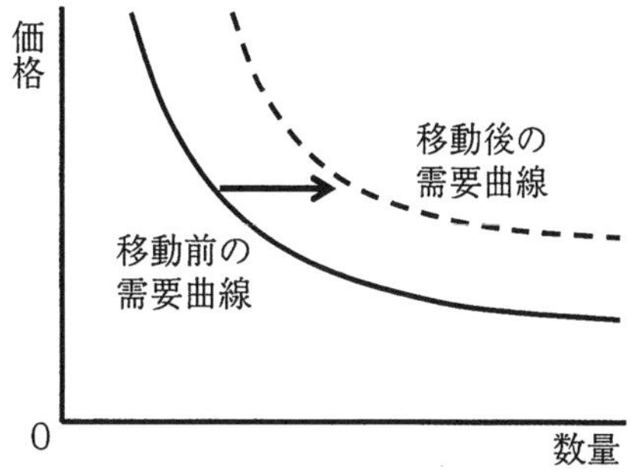

ア この商品がテレビ番組や雑誌で取り上げられて人気が出た。

イ この商品の原材料費が高騰《こうとう》して原材料を入手しにくくなった。

ウ この商品と競合する新たな商品の生産・販売が開始された。

エ この商品の生産に新しい技術が導入され，生産費が低下した。

問３　金融と企業の資金調達についての説明として正しいものを，次のアからエのうちから一つ選べ。

ア　預金として預かったお金を，銀行が家計や企業に貸し出しするときには，預金者が貸出先を決めることになる。

イ　預金としてお金を預かった銀行は，預金額に応じて，利潤の一部を配当（配当金）として預金者に分配することになる。

ウ　株式の売買は証券会社の仲介《ちゅうかい》によって行われるので，企業が株式を発行して資金を調達することを間接金融という。

エ　株式会社が倒産したときは，購入した株式の価値がなくなるだけで，株主は出資した金額以上の責任を負うことはない。

問４　私企業は，自社の利潤を追求するだけではなく，法令を遵守《じゅんしゅ》し，社会の一員としての責任を果たさなければならない。企業の経済活動とそれに関連する法律についての説明として正しいものを，次のアからエのうちから一つ選べ。

ア　男女雇用機会均等法では，事業主は労働者の性別を理由として，労働者の配置，昇進，降格，退職の勧奨《かんしょう》，職種および雇用形態の変更について差別的な取り扱いをしてはならないとしている。

イ　製造物責任法（PL 法）では，欠陥製品で被害を受けた消費者が，製品の欠陥の原因がその製品を製造した企業の過失であると証明しない限り，被害を受けた消費者はその企業に損害賠償を求めることはできないとしている。

ウ　独占禁止法では，過度な価格競争の結果によって企業の倒産や市場からの撤退があいつぎ，最終的に一つの企業が市場を独占することにならないように，企業数が少ない寡占《かせん》市場では企業間で協定を結んで価格を定めるように指導している。

エ　消費者基本法では，商品を購入した消費者の個人情報を保護する観点から，企業が POS システム（販売時点情報管理システム）を利用して，商品を販売したときに得た情報から商品の販売動向を分析することは，一切認めないとしている。

2020(R2) 国立高専
K 教英出版

表

地点	震央からの距離〔km〕	P 波の到達時間〔秒〕	S 波の到達時間〔秒〕
A	50.0	9.7	14.6
B	14.1	5.5	8.3
C	22.4	6.2	9.4
D	42.4	8.7	13.0

問1　震源から 60 km の地点で大きな揺れ（主要動）が観測されるのは地震発生から何秒後か答えよ。 アイ 秒後

問2　この地震の震央は図 1 の地点①から地点⑨のどこであると考えられるか。最も適当な地点を選べ。

問3　図 1 の地点 Z は震源から何 km の地点に位置するか整数で答えよ。 アイ km

問4　この地震による揺れを地点 Z で観測したとすると，初期微動継続時間は何秒であるか。次のアからカの中から最も適当なものを選べ。

ア　2.5 秒　　イ　3.3 秒　　ウ　4.2 秒

エ　6.6 秒　　オ　10.0 秒　　カ　12.5 秒

5 花子さんは，所属する化学クラブで中和に関する実験を行った。まず，AからEの5個のビーカーを準備し，ある濃度のうすい塩酸（以後，塩酸aと呼ぶ）と，ある濃度のうすい水酸化ナトリウム水溶液（以後，水酸化ナトリウム水溶液bと呼ぶ）を，それぞれ別々の割合で混合した。その後，実験1および実験2を行ったところ，表に示すような結果になった。下の問1から問4に答えよ。

実験1　各ビーカーの水溶液をそれぞれ試験管に少量とり，フェノールフタレイン溶液を加えて色の変化を調べた。

実験2　各ビーカーの水溶液をそれぞれガラス棒に付けて少量とり，青色リトマス紙に付けて色の変化を調べた。

表

ビーカー	A	B	C	D	E
塩酸aの体積〔cm^3〕	10	12	14	16	18
水酸化ナトリウム水溶液bの体積〔cm^3〕	30	30	30	30	30
実験1の結果	赤色	無色	無色	無色	無色
実験2の結果	変化なし	変化なし	赤色	赤色	赤色

問1　Eのビーカーの水溶液に亜鉛板を入れたとき，発生する気体を次のアからオの中から選べ。

ア　酸素　　イ　塩素　　ウ　水素　　エ　二酸化炭素　　オ　窒素

問2　Aのビーカーの水溶液を試験管に少量とり，緑色のBTB溶液を加えると何色に変化するか，次のアからオの中から選べ。

ア　無色　　イ　青色　　ウ　緑色のまま　　エ　黄色　　オ　赤色

問3　AからEの5個のビーカーに，実験1，実験2を行う前の混合溶液を再度用意し，それらをすべて混ぜ合わせた。その後，この溶液を中和して中性にした。このとき，何の水溶液を何 cm^3 加えたか，次のアからカの中から選べ。

ア　塩酸 a を 12 cm^3
イ　塩酸 a を 25 cm^3
ウ　塩酸 a を 30 cm^3
エ　水酸化ナトリウム水溶液 b を 12 cm^3
オ　水酸化ナトリウム水溶液 b を 25 cm^3
カ　水酸化ナトリウム水溶液 b を 30 cm^3

問4　酸とアルカリの中和において，イオンの数の変化を考える。例えば，100 個の水素イオンと 70 個の水酸化物イオンが混合されると，70 個の水酸化物イオンはすべて反応し 70 個の水分子ができ，30 個の水素イオンは未反応のまま残ることになる。

6 cm^3 の塩酸 a を新たなビーカーにとり，このビーカーに 25 cm^3 の水酸化ナトリウム水溶液 b を少しずつ加えた。このときの水溶液中の①ナトリウムイオン，②塩化物イオン，③水酸化物イオンの数の変化を示したグラフとして適切なものを，次のアからカの中からそれぞれ選べ。

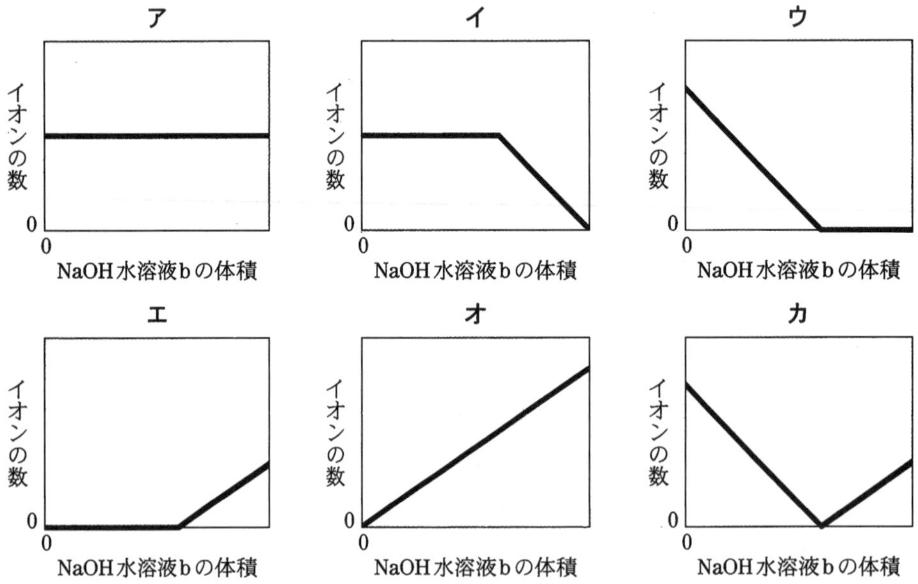

6 図のような実験装置を用いて酸化銀 1.00 g を十分に加熱したところ，酸化銀が変化するようすが観察された。

同様の実験を酸化銀 2.00 g，3.00 g，4.00 g，5.00 g についても行い，加熱前の皿全体の質量と加熱後の皿全体の質量とを測定したところ，表に示すような結果になった。下の問１から問５に答えよ。

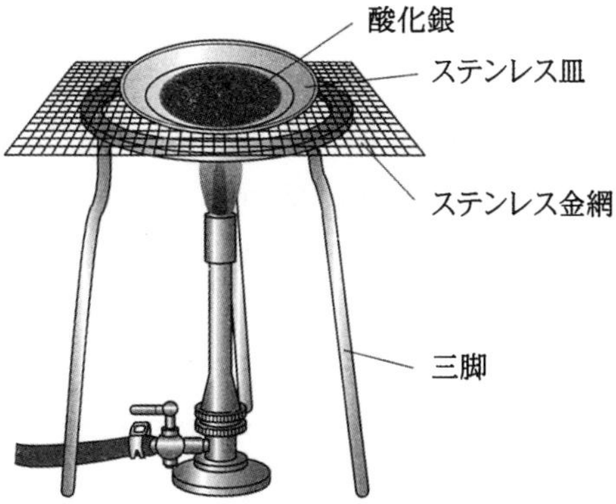

図

表

酸化銀の質量〔g〕	1.00	2.00	3.00	4.00	5.00
加熱前の皿全体の質量〔g〕	13.56	14.55	15.58	16.54	17.53
加熱後の皿全体の質量〔g〕	13.49	14.41	15.37	16.26	17.18

問１　次の文は酸化銀が変化するようすを表したものである。（１），（２）にあてはまる色として最も適当なものを下のアからオの中から選べ。

酸化銀を加熱すると固体の色は（　１　）色から（　２　）色に変化した。

ア　青　　イ　赤　　ウ　緑　　エ　黒　　オ　白

問２　酸化銀を加熱すると，銀と酸素に分解することが知られている。この化学変化を次の化学反応式で表した。(a)から(c)にあてはまる数字をそれぞれ選べ。なお，この問題では「１」と判断した場合には省略せずに「１」を選ぶこと。

（a）Ag_2O → （b）Ag ＋ （c）O_2

問３　ステンレス皿の上に残った固体は，一見すると銀には見えない。そこで，この固体が金属であることを調べたい。調べる方法とその結果として適切なものを，次のアからオの中から３つ選べ。

ア　ステンレス製薬さじのはらで残った固体をこすると，きらきらとした光沢が現れる。
イ　残った固体に磁石を近づけると引き寄せられる。
ウ　残った固体をたたくとうすく広がり，板状になる。
エ　残った固体を電池と豆電球でつくった回路にはさむと，豆電球が点灯する。
オ　残った固体を水に入れると，よく溶ける。

問４　酸化銀 1.00 g を十分に加熱したときに発生した酸素の質量の値を表をもとに求めよ。

［ア］.［イウ］g

問５　酸化銀 6.00 g を十分に加熱したときに生成する銀の質量の値を表をもとに推定して求めよ。

［ア］.［イウ］g

7 次の文章は「ハビタブルゾーン」について説明したものである。下の問1から問4に答えよ。

地球のように，生命が生存することが可能な領域を「ハビタブルゾーン」と呼ぶ。生命が生存するためには，液体の水が存在することが必要である。惑星に液体の水が存在するための条件の一つに，A恒星からの距離が挙げられる。恒星である太陽からの距離が近すぎず，遠すぎず，B太陽からのエネルギーによりあたためられる惑星の温度が適当であることが必要である。また，C惑星の大気による気圧や温室効果の度合いなども関連していると考えられている。液体の水が存在する地球では，水蒸気，水，氷と状態を変えながら，D水は地球中を循環し，移動している。

問1　下線部Aに関連して，次の図1と図2を参考にして，火星が受け取るエネルギー量を試算したい。図1は，太陽からの距離と照らされる面積の関係を，図2は，太陽から光を受ける面の大きさと光を受ける火星の関係を模式的に表した。以下の文中の空欄（1）から（4）にあてはまる数値はいくらか。下のアからシの中からそれぞれ選べ。

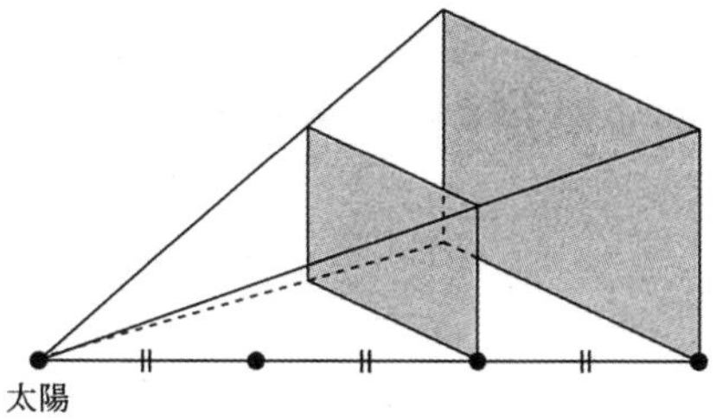

図1

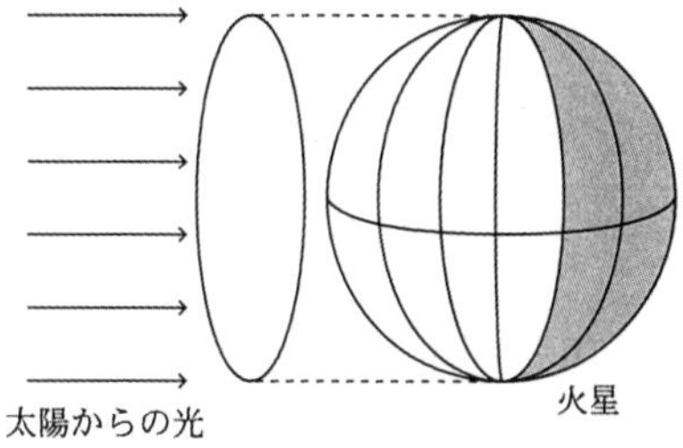

図2

太陽から火星までの距離は，太陽から地球までの距離の1.5倍である。太陽光線は太陽から四方八方に均等に放たれ，途中で無くなることはないものとする。図1より，太陽からの距離が1.5倍離れると，（ 1 ）倍の面積を照らすようになり，単位面積あたりの光のエネルギー量は約（ 2 ）倍になる。

また，火星の半径は地球の半分であるため，図2より火星が太陽からの光を受ける面は地球の約（ 3 ）倍になる。

以上より，火星全体が受け取るエネルギー量は，地球の約（ 4 ）倍になる。

ア $\frac{1}{9}$　イ $\frac{4}{9}$　ウ $\frac{1}{6}$　エ $\frac{1}{4}$　オ $\frac{9}{4}$　カ $\frac{2}{3}$

キ $\frac{1}{2}$　ク $\frac{3}{2}$　ケ 2　コ 4　サ 6　シ 9

問2　下線部Bに関連して，太陽から地球へのエネルギーの伝わり方について，その名称と特徴として正しいものはどれか。次のアからカの中からそれぞれ選べ。

【名称】　ア　対流　　イ　放射　　ウ　伝導

【特徴】　エ　接触している物質間でエネルギーが移動する

　　　　　オ　物質の移動に伴いエネルギーが移動する

　　　　　カ　接触していない物質間でエネルギーが移動する

問3　下線部Cに関連して，太陽系の惑星の大気や表面の特徴について説明した文として，波線部に誤りを含むものはどれか。次のアからエの中から選べ。

ア　水星の大気はほとんど存在しないため，昼夜の温度差が大きい。

イ　金星の大気は主に二酸化炭素から構成されており，温室効果が大きい。

ウ　火星の大気は地球同様，窒素と酸素から構成されている。

エ　木星の表面は気体でおおわれており，大気の動きがうず模様として観測できる。

問4　下線部Dに関連して，水の移動について考える。乾いた平面に，ある一度の降雨により水たまりが生じた。この際の水の移動を図3に模式的に表した。平面に降った水量をR，平面から蒸発した水量をE，水たまりの水量をP，水たまりに入らず平面に残った水量をF，平面から地下に浸透した水量をGとする。なお，図中の矢印は水の移動における出入りを表し，矢印以外に水の移動はないものとする。下の1，2に答えよ。

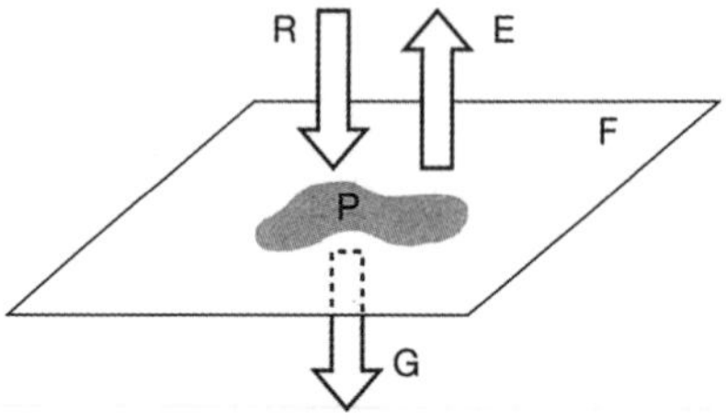

図3

1　水の移動について考えると，Pはどのように表されるか。次のアからエの中から選べ。

ア　$P=R+E+F+G$　　　　イ　$P=-R+E+F+G$

ウ　$P=R+E-F-G$　　　　エ　$P=R-E-F-G$

2　この降雨で $100\ \mathrm{m}^2$ の地面に5 mmの降水があり，そのうち10%分が地中に浸透した。浸透した水の量は何Lか。次のアからクの中から選べ。

ア　10 L　　イ　45 L　　ウ　50 L　　エ　55 L

オ　100 L　　カ　450 L　　キ　500 L　　ク　550 L

［問い］ 本文の内容から考えて，次の１～５の英文の（　　）に入る適切なものをア～エの中から一つずつ選びなさい。

1. Takashi was on team（　　）in the soccer tournament.

ア A　　イ B　　ウ C　　エ E

2. Yuri's team got（　　）points in its first game.

ア 8　　イ 12　　ウ 28　　エ 32

3. Mayumi was on team（　　）in the basketball tournament.

ア F　　イ G　　ウ H　　エ I

4. Mayumi's team had（　　）members.

ア 5　　イ 6　　ウ 7　　エ 8

5. Takashi's class has（　　）boys.

ア 14　　イ 19　　ウ 33　　エ 43

[6] 次の文章をよく読んで，後の問いに答えなさい。

It is said that English has many more words than most other languages. Why does English have so many words? How does the number of words keep growing? There are several reasons for this.

First, about 1,000 years ago, France occupied England for several hundred years. About 10,000 words came into English at that time. Words like *ticket, beef,* and *dinner* are some of these.

Second, in the nineteenth century, English was the language of an empire. England occupied many countries. English people took their culture and language with them to these countries. When they returned to England, [1].

Third, foreign people often go to English-speaking countries to live and bring new words with them. For example, *concert* and *hamburger* look like English words, but [2]. Which languages did they come from? Check your dictionary.

Fourth, English uses prefixes and suffixes to create new words. A prefix is the part of a word that is added to the beginning of a word to change its meaning and make a new word. By adding *in, un, im, pre, dis,* lots of new English words can be made. Each prefix has its own meaning. The prefix *pre,* for example, means "before someone or something." So you can easily guess the meaning of the word *prehistory.* It means [3]. A suffix is the part of a word that is added to the end of a word. If we add *ish, ness, ful, er,* to the end of a word, more words can be made. The suffix *er* means "someone who does something." If you don't know the meaning of the word *trainer,* you can guess it. It means [4].

Fifth, English is always adding compound words. *Airport, bookstore, classroom,* and *homework* are some compound words. [5] For example, *playground* means an area for children to play, especially at a school or in a park.

Finally, many words are just created. *Dog* and *fun* are examples. These words just entered the language, became popular, and then were used widely.

Will the number of English words continue to grow in the future? The answer is "yes." Most English-speaking people don't mind this. However, [6].

（注） occupy 占領する　empire 帝国　prefix 接頭辞　suffix 接尾辞
beginning 始めの部分　compound word 複合語　widely 広く　mind 気にする

問1　本文中の空所 1 に入れるのに適切なものを次のア～ウの中から一つ選びなさい。

ア　they occupied the whole world

イ　they spoke French better than English

ウ　they brought new words back with them

問2　本文中の空所 2 に入れるのに適切なものを次のア～ウの中から一つ選びなさい。

ア　they entered English from other languages

イ　they came from different parts of England

ウ　they were originally born in America

問3　本文中の空所 3 に入れるのに適切なものを次のア～ウの中から一つ選びなさい。

ア　all the things that will happen in the future

イ　the time in history before people began to write about events

ウ　a short time from now, or after something else happens

問4　本文中の空所 4 に入れるのに適切なものを次のア～ウの中から一つ選びなさい。

ア　a person who teaches people or animals to do a job or skill well

イ　a person who travels on a train to sell and check tickets

ウ　warm clothes that you wear to play sports in winter

問5　本文中の空所 5 に入れるのに適切なものを次のア～ウの中から一つ選びなさい。

ア　They are used only for buildings.

イ　It's easy to guess what they mean.

ウ　It's necessary to know which language they come from.

問6　本文中の空所 6 に入れるのに適切なものを次のア～ウの中から一つ選びなさい。

ア　no new words will be added to the English language

イ　English-speaking people will stop using compound words

ウ　this is a problem for people who learn English as a foreign language

問7　本文の内容と合うものを次のア～ウの中から一つ選びなさい。

ア　France was occupied by England at the end of the eleventh century.

イ　A prefix is put at the end of a word to create a new word.

ウ　To understand more English words, you should know how words are put together.

このとき，次の各問いに答えなさい。

(1)　A さんが初めて Q 地点で折り返してから P 地点に戻るまでの x と y の関係を式で表すと

$y=-\dfrac{\boxed{\text{ア}}}{\boxed{\text{イウ}}}x+\boxed{\text{エ}}$ である。また，B さんが 9 時 10 分に P 地点を出発してから Q 地点で折り返すまでの x と y の関係を式で表すと $y=\dfrac{\boxed{\text{オ}}}{\boxed{\text{カ}}}x-\boxed{\text{キ}}$ である。

(2)　A さんが 9 時に P 地点を出発した後，初めて 2 人が出会うのは，P 地点から $\boxed{\text{ク}}.\boxed{\text{ケ}}$ km 離れている地点である。

(3)　2 人が最後に P 地点に戻ったのは 9 時 $\boxed{\text{コサ}}$ 分である。

(4)　A さんは合計で $\boxed{\text{シ}}.\boxed{\text{ス}}$ km 走った。

3 図1のように，横にとなり合う2つの正方形の中に書かれた数の和が，その2つの正方形の真上にある正方形の中の数になるようにする。このとき，次の各問いに答えなさい。

図1

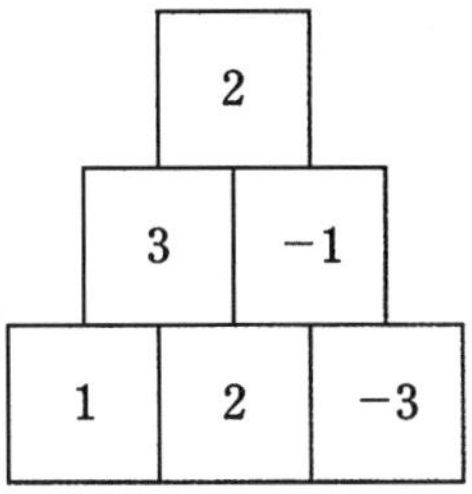

(1) 図2において，$a =$ ア ，$b = p +$ イ $q +$ ウ $r + s$，$c = \dfrac{\text{エオ}}{\text{カ}}$ である。

図2

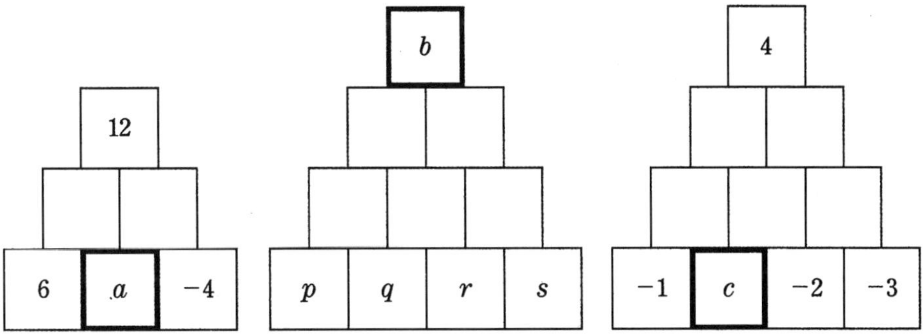

(2)　図3において，どの正方形の中にも，絶対値が6以下の整数しか入らないこととする。このとき，どのように数を入れても，d = [キ] である。よって，条件を満たす e は，全部で [ク] 個ある。

図3

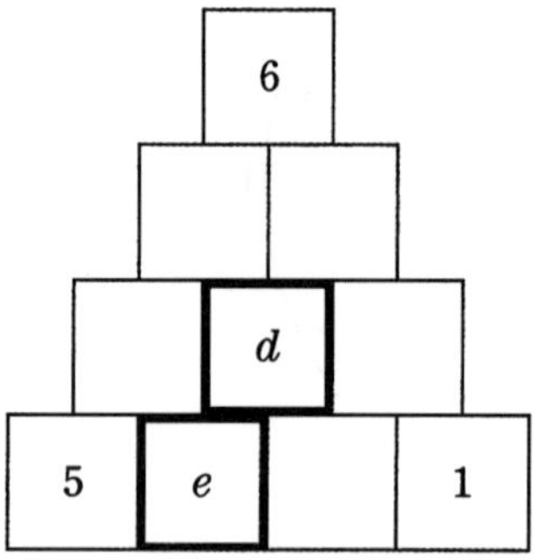

(3)　図4において，f = [ケコ]，g = [サ] である。

図4

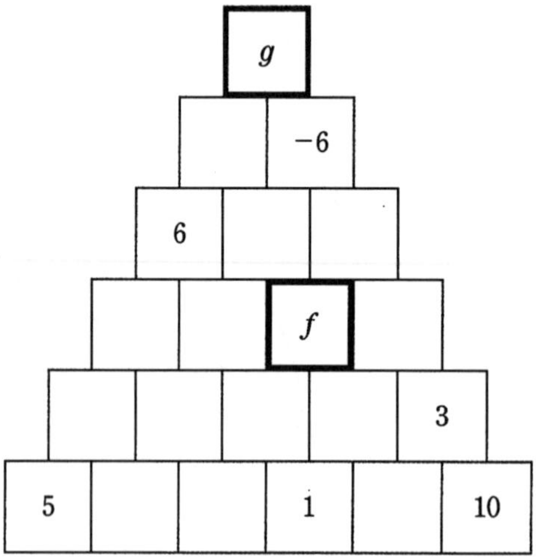

4 図1のように，長さ2の線分ABを直径とする円Oの周上に点Cをとる。点Cから線分ABに垂線を引き，その交点をHとすると，AH：CH＝2：1である。

図1

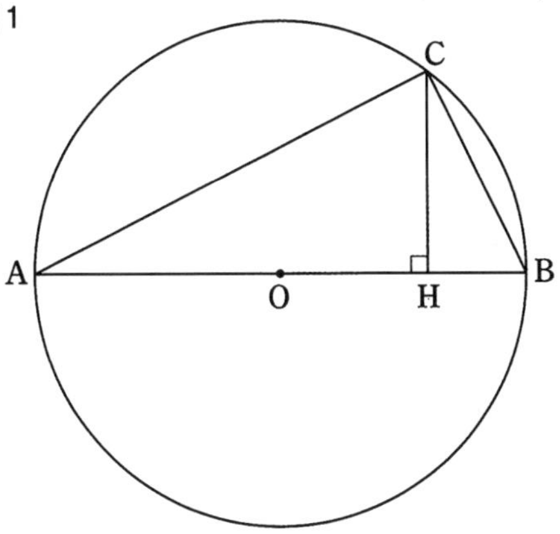

このとき，次の各問いに答えなさい。

(1) AH＝$\dfrac{\boxed{\text{ア}}}{\boxed{\text{イ}}}$である。

(2) 図2のように，弧ABの点Cのある側にAD＝AHとなるように点Dをとり，∠ADBの二等分線と線分ABの交点をEとする。このとき，

∠ADE＝$\boxed{\text{ウエ}}$°

AE＝$\dfrac{\boxed{\text{オ}}}{\boxed{\text{カ}}}$

である。

図2

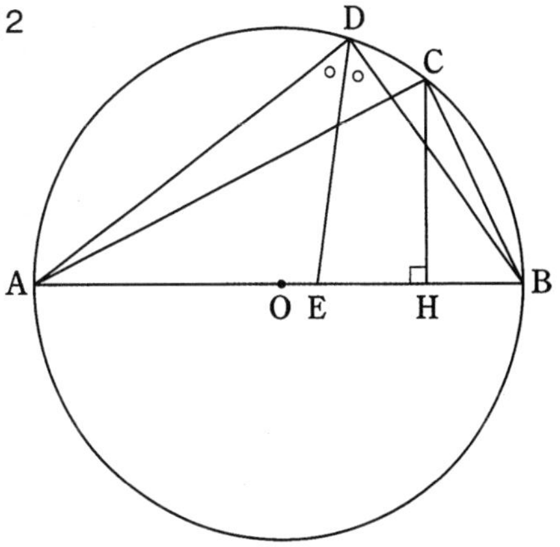

(3) 図3のように，図2の線分DEをEの方向に延ばした直線と円Oの交点をFとする。このとき，$\mathrm{EF}=\dfrac{\boxed{キ}\sqrt{\boxed{ク}}}{\boxed{ケ}}$である。

図3

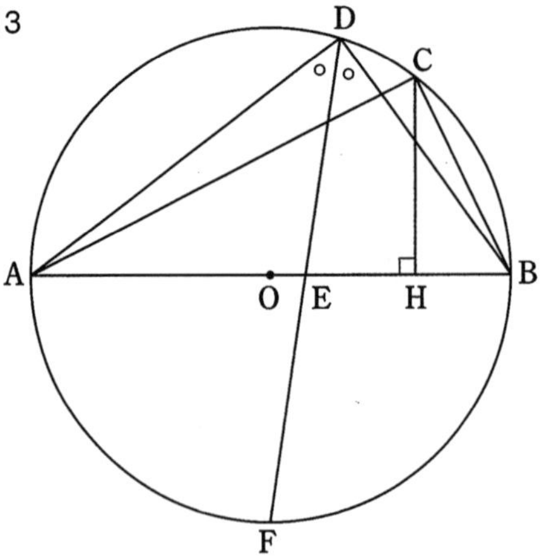

（このページ以降は余白です。）

令和２年度入学者選抜学力検査問題

数　　学

(50分)

(配　点)	$\boxed{1}$ 40点	$\boxed{2}$ 20点	$\boxed{3}$ 20点	$\boxed{4}$ 20点

(注意事項)

1　問題冊子は指示があるまで開かないこと。

2　問題冊子は１ページから12ページまである。検査開始の合図のあとで確かめること。

3　検査中に問題冊子の印刷不鮮明，ページの落丁・乱丁及び解答用紙の汚れ等に気づいた場合は，静かに手を高く挙げて監督者に知らせること。

4　解答用紙に氏名と受検番号を記入し，受検番号と一致したマーク部分を塗りつぶすこと。受検番号が「0（ゼロ）」から始まる場合は，0（ゼロ）を塗りつぶすこと。

5　解答には，必ずＨＢの黒鉛筆を使用すること。なお，解答用紙に必要事項が正しく記入されていない場合，または解答用紙に記載してある「マーク部分塗りつぶしの見本」のとおりにマーク部分が塗りつぶされていない場合は，解答が無効になることがある。

6　一つの解答欄に対して複数のマーク部分を塗りつぶしている場合，または指定された解答欄以外のマーク部分を塗りつぶしている場合は，有効な解答にはならない。

7　解答を訂正するときは，きれいに消して，消しくずを残さないこと。

8　定規，コンパス，ものさし，分度器及び計算機は用いないこと。

9　問題の文中の $\boxed{\text{アイ}}$，$\boxed{\text{ウ}}$ などには，特に指示がないかぎり，負の符号（－）または数字（0～9）が入り，ア，イ，ウの一つ一つは，これらのいずれか一つに対応する。それらを解答用紙のア，イ，ウで示された解答欄に，マーク部分を塗りつぶして解答すること。

例　$\boxed{\text{アイウ}}$ に
－83と解答するとき

(1)	ア	●	⓪	①	②	③	④	⑤	⑥	⑦	⑧	⑨
	イ	⊖	⓪	①	②	③	④	⑤	⑥	⑦	●	⑨
	ウ	⊖	⓪	①	②	●	④	⑤	⑥	⑦	⑧	⑨

10　解答は解答欄の形で解答すること。例えば，解答が $\frac{2}{5}$ のとき，解答欄が $\boxed{\text{エ}}.\boxed{\text{オ}}$ ならば0.4として解答すること。

11　分数の形の解答は，それ以上約分できない形で解答すること。例えば，$\frac{2}{3}$ を $\frac{4}{6}$ と解答しても正解にはならない。また，解答に負の符号がつく場合は，負の符号は，分子につけ，分母にはつけないこと。例えば，$\dfrac{\boxed{\text{カキ}}}{\boxed{\text{ク}}}$ に $-\frac{3}{4}$ と解答したいときは，$\frac{-3}{4}$ として解答すること。

12　根号を含む形で解答する場合，根号の中に現れる自然数が最小となる形で解答すること。例えば，$4\sqrt{2}$ を $2\sqrt{8}$ と解答しても正解にはならない。

ア　固いものと柔らかいものが入り混じった状態　　**イ**　良いものと悪いものが入り混じった状態

ウ　新しいものと古いものとの区別がつかない状態　　**エ**　本物とにせ物との区別がつかない状態

問3　空欄 a 、 b 、 c に入る語として適当なものを、それぞれ次の**ア**から**エ**までの中から選べ。**ただし、同じ語は二回入らない。**

ア　もちろん　　**イ**　すなわち　　**ウ**　たとえば　　**エ**　しかし

問4　本文中に、(1)衝撃的なレポート　とあるが、なぜ「衝撃的」なのか。その理由として最も適当なものを、次の**ア**から**エ**までの中から一つ選べ。

ア　科学界最高の栄誉であるノーベル賞を受賞した医学生物学の業績の中にも、誤った仮説が存在すると証明されたから。

イ　修正が許されない医学生物学の業績にさえ、信用できないものが数多く含まれているということが明確になったから。

ウ　ノーベル賞だけでなく『ネイチャー』誌に掲載された医学生物学論文までもが、有用でないことが裏づけられたから。

エ　現実を正しく説明していると考えられていた医学生物学論文の多くに、誤りが含まれている可能性が高くなったから。

問5　本文中に、(2)それはまるで生態系における生物の「適者生存」のようである。とあるが、どういうことか。その説明として最も適当なものを、次の**ア**から**エ**までの中から一つ選べ。

ア　過去の業績をすべて蓄積して活用する科学の姿勢は、長い時間にわたって遺伝子を保存する生物進化のプロセスに似ているということ。

イ　科学が絶え間なく仮説を修正して確度を高めるサイクルは、変化を生み出して適応できた生物が生き残るあり方に似ているということ。

ウ　過去の蓄積を記録して改良を加える科学のサイクルは、生物が環境に適応するために自らを改変していくあり方に似ているということ。

エ　科学的な知見は必ず修正されるべきだという考え方は、生物の多くの種が進化の途中で絶滅していったプロセスに似ているということ。

問6　本文中に、(3)「原理的に不完全な」科学的知見　とあるが、科学的知見が「原理的に不完全」であるとはどういうことか。その説明として最も適当なものを、次の**ア**から**エ**までの中から一つ選べ。

ア　確度を高めるために仮説を修正し続ける科学は、科学的知見が完全な真理に達したことを判定する仕組みを持たないということ。

イ　現実の世界に絶対の真理は存在しないことが論理的に認められたため、科学的知見は常に修正され続ける宿命にあるということ。

ウ　科学は不動の真理を目指していないので、どんなに修正を続けても科学的知見が完全な正しさに到達することはないということ。

エ　仮説は修正され続ける運命にあり、真理を求める科学的知見であっても確度の低いものが混じっている可能性は高いということ。

問7　本文中に、(4)「神託を担う科学」　とあるが、それは科学者の立場からするとどういう態度か。その説明として最も適当なものを、次の**ア**から**エ**までの中から一つ選べ。

ア　科学の専門家たちが社会との接点で権威者の言葉を神のお告げのように広め、自分たちが有利になるように社会を変えようとする態度。

イ　科学の専門家たちが論文中の専門用語を神のお告げのように利用して、一般の人々の不安をことごとく取り除こうとする宗教的な態度。

ウ　科学の専門家たちが専門用語や科学論文の言葉を神のお告げのように扱い、科学的知見を人々に押しつけて批判を許そうとしない態度。

エ　科学の専門家たちが科学論文を神のお告げのように披露し、科学的知見がすべて正しいと非専門家に信じさせようとする教条的な態度。

問8　この文章の内容に合致するものを、次の**ア**から**エ**までの中から一つ選べ。

ア　多くの「普通の発見」だけでなくノーベル賞を受賞した業績にも誤りがあるという事実は、科学に進歩はないということを象徴している。

イ　権威主義に陥ることなく修正を続けて「科学的な根拠」を得た強靭な仮説だけが、現実を説明する「不動の真理」として認められている。

ウ　人間には「分からない」状態から逃れてしまいたいという指向性があり、非専門家は科学の権威にすがって安心しようと思いがちである。

エ　基礎科学か応用科学かの違いによって「科学的な知見」の適応度は異なるため、非専門家は権威者の言説を参考にして判断すべきである。

4

次の文章を読んで、後の問いに答えよ。

父の車で家に帰る途中、後部座席の「わたし」と助手席の姉はけんかをはじめた。二人は泣きわめき、最初は黙っていた父も、ついに「けんかするなら二人とも降りなさい。」と言った。姉は泣きやもうとしたが、一人だけけんかをやめようとする姉にもっと腹が立った「わたし」はかんしゃくを起こし、黄信号の急ブレーキで前につんのめった拍子に、自分でも驚くほど大きな金切り声を上げてしまった。

スーパーのなかは明るかった。

夕食の材料や一週間分のお菓子でいっぱいになったピンク色のカートが、ちょうどわたしの目の高さで通路を行き交っていた。

車から飛びだしたときにはなにも考えられなかったけれど、家族連れでにぎわう店内を一人で歩いているうちに、なにかとても勇気ある、ほかの子どもにはなかなか真似《まね》のできない、立派なことをしたような気持ちになってきた。でもたいしたことじゃない。これは家出なんかじゃない。わたしはひとりで、歩いて家に帰ることを決めただけ。そういいきかせて、胸を張って歩いた。

お菓子売り場で、家の近くのスーパーには売っていないチョコレートのお菓子をみつけた。パッケージの写真には、チョコと一緒にきらきら光る赤や黄色のペンダントが写っていて、必ずどれか一つがなかに入っているらしい。ビニールのがま口が入ったポシェットは後部座席に置いてきた。お金があれば買えたのにと思うと悔しかったけれど、わたしはまだ、ひとりで買い物をしたことがなかった。月に一度、町の本屋に漫画雑誌を買いにいくときは、必ず姉か友だちが一緒だった。

お菓子の箱を戻して、しばらく店内を歩きまわった。通路を走って転んだり、カートにしがみついている小さな子どもたちがたくさんいた。(1)まだ赤ちゃんなんだ、と思った。わたしはひとりでずんずんと売り場の通路を進んでいった。ふしぎとすこしもこころぼそくなかった。端から端まで歩いたらここを出て家に帰ろう、お父さんたちには絶対にみつからないように、ひとりで歩いて家に帰ろう、道はわかってるんだから。からだじゅうに力がみなぎっていた。なにも買えなくたって、このスーパーに売っているもののすべては自分のものだという気さえした。

そのときふと、店内に流れていた音楽が止まった。「迷子のお知らせをいたします。M町からお越しの……」これから帰ろうとしている、ねぎ畑だらけの町の名前だった。続けて呼ばれた名前もわたしの名前だった。年齢もおなじ。「白っぽい上着に、濃い色のズボン……」それだけがちがう。その日わたしが着ていたのは、淡いピンク色のセーターに紺色のスカートだった。

お父さんもお姉ちゃんも、わたしのことをちっともみていないんだ！　その日父が何を着ていたか、姉がなに色の靴をはいていたか、わたしはちゃんとみていたし、はっきり覚えていた。姉はえんじ色のワンピース、父は黒いセーターに(a)おろしたばかりのまだ生地の固いジーンズだ。「右の頬に、ハート形のほくろがあります……」思わず頬に手をやった。わたしのほくろはハート形なんかじゃなくて、ただの三角形だった。お父さんもお姉ちゃんも、ほんとうになんにもみていない！

すこし離れたところから、細長い卵のパックを手に持った女のひとが、じっとこちらをみていた。そばで小さな男の子が、「お母さん、お母さん。」と花柄のスカートの裾をひっぱっていた。

だれにもみつからないように、わたしは走って店を出た。広い駐車場のどこかには、わたしを探す父の車が停《と》まっているはずだった。でもその車のまえでふたりを待ちぶせて、(b)しおらしく許しを乞《こ》う気はしなかった。バイパス道路とぶつかる大きな交差点の信号は青だった。駆けだすと同時に、横断歩道の青信号が点滅しはじめる。まえかがみになって全速力で走った。渡りきる直前に、信号は赤に変わった。

(2)二車線の道路の、左側の歩道を歩いた。道の左側にはパチンコ店とお好み焼き屋が並んでいて、右側にはガラス張りのマクドナルドがある。もうすこし歩けば、広い市民運動場がみえてくる。まだあたりは明るかった。このまま歩きつづけて、そのうち日が暮れて、夜になってしまってもかまわないと思った。

横の車道ではひっきりなしに、車がわたしを追いこしていった。そのうちの一台が速度をゆるめて助手席の窓を開け、なかにいる父が姉と声を合わせてわたしの名前を呼ぶところを想像した。そうなれば、しばらく振りかえらずにいるつもりだった。そしてたっぷり時間を置いたあと、「ひとりで帰れるから、放っておいて。」と叫んでもいいし、なにもいわずにずっと無視していてもいい。

また一台、車が脇を通りこしていった。
はっとして立ちどまった。父の車だった。
遠ざかっていくその車は、みあやまりようもない、わたしがいつまでもすきになれないあの深緑色の、わたしの誕生日に近い数字がナンバープレートに並ぶ、父の車だった。一瞬だったけれども、後部座席の左側にだれかが座っているのがみえた。顔はこちらを向いていた。
スピードをゆるめることなく、車は道の先のカーブに消えていった。
奇妙な感覚に囚《とら》われたまま、わたしはしばらくそこに立ちつくしていた。(3)周りの景色はぼやけ、お腹《なか》の底が冷たくなった。
お父さんもお姉ちゃんも、どうしてわたしに気づかなかったんだろう？　歩いているわたしが、家や車のなかにいるわたしとぜんぜんちがうふうに見えたから？　そしてあの子、助手席のうしろに座っていたあの子は……？　ぼんやりしている頭のなかに、徐々にその誰かの輪郭が引かれていった。それは白い上着に濃い色のズボンを穿《は》き、頬にハート形のほくろのあるだれかだった。そのだれかがスーパーでみつけられ、父と姉と一緒にあの車に乗り、わたしのふりをして家に帰るのだ。そして待っていた母に「おかえり」といわれ、食卓のわたしの席に座り、わたしのベッドで眠るのだ。
いつのまにか、すっかり日は暮れていた。対向車のヘッドライトがまぶしい。スーパーのなかではからだじゅうに満ちあふれていた力が、もうどこにもなかった。気づけば目から、涙がぼろぼろあふれていた。
じっとしているうちに、セーター一枚では寒さがこらえがたくなってきた。首をすぼめ、セーターの袖に手をひっこめて、わたしはとぼとぼ歩きはじめた。あれだけ確信していた道のりも、もう定かではなくなっている。もっとまえに右か左に曲がるべきだったかもしれないし、目のまえに見えているカーブの先にはどう道が続いているのか、いつものようにはっきりとは思い出せない。
空の高いところでは星が輝きだしていた。わたしは再び立ちどまり、夏休みにプラネタリウムで覚えた北極星を探そうとした。夜じゅうずっとおなじ場所で光っていて、大むかしの砂漠の旅人たちに帰り道を教えたという星……家の庭から何度も姉とみたことのある星なのに、いまはどんなに目をこらしてもみつけられない。
もしもう一度――歩き出したとき、わたしはこころに誓った。もしもう一度あの車に乗って、家族みんなでおばあちゃんちに行ったり、バッティングセンターでボールを打ったり、デパートに行って食品フロアを歩いたりすることができるのなら、もう二度と車のなかで泣きわめいたりはしない。二度とお姉ちゃんをぶったりしないし、黙っているお父さんをずるだとも思わない。
道はようやく、ゆるいカーブに差しかかりはじめていた。カーブの先には左に折れる道があり、角にはその年できたばかりのコンビニエンスストアが青白く光っていた。そしてその駐車場の一番端に、みなれた深緑色の車が停まっていた。

「なにしてるの?」

ちょうど明るい店内から出てきた姉が、わたしの顔をみておどろいた。

「お父さん、来て。」

姉は半開きになった店のドアの向こうに叫んだ。出てきた父も、わたしをみておなじように目を丸くする。

「歩いてきたの?」

わたしはうなずいた。姉はえーっと大声を出して、持っていた白いビニール袋を振りまわした。

「今日はお母さんと留守番してるはずだったんじゃないの? ここまで家からひとりで歩いてきたの? なんで?」

(4)<u>「家からじゃないよ、さっきのあの……」</u>

いいかけて、わたしは姉の格好に気づいた。姉はワンピースを着ていたけれど、その色は覚えていたえんじ色ではなく、青に近いむらさき色だった。うしろに立つ父は、灰色のセーターによれよれのジーンズを穿いていた。ふたりとも、わたしが覚えていた格好とはすこしだけちがっていた。

「お母さんには、ちゃんといってきたのか?」

父が近づいてきて、からだをかがめる。その朝きれいに剃《そ》ったばかりのひげが、鼻のしたにうっすら生えている。

「ここまで歩いてきたのは立派だけど、こんな時間にひとりで出歩いちゃだめだぞ。お父さんたちとここで会えなかったらどうするつもりだったんだ?」

父はわたしの背中を押して、車に向かわせた。１２の１８。ナンバープレートに並ぶ数字は、わたしの誕生日の日付そのままだった。でも、最後の一桁は7だったはずだ。父がはじめてこの車に乗って家に帰ってきた日、わたしは何度も、「どうしてあと一つちがう番号をもらえなかったの?」と、しつこく文句をいったはずだ。

「お父さん、いつ車の番号変えたの?」

父はわらって、「変えてないよ。」とこたえた。

姉は助手席のドアを開けず、向こうがわに回って後部座席に乗り込んだ。そこにはだれも座っていなかった。置き去りにしてきたはずのポシェットも見当たらなかった。父は車を発進させた。街灯のしたを過ぎていく風景は、ふだんとなにも変わらなかった。住宅街と畑と学校が、覚えている通りの順番に現れる。それはわたしがよく知っている道、完璧に記憶に刷りこんであるいつもの道だった。

カーステレオからは、低いヴォリュームで父のお気にいりのフォークソングが流れていた。姉とわたしはでたらめな歌詞をつけて、大声で一緒に歌った。途中、北極星がみつからないというと、姉はすぐ窓におでこをくっつけて、その小さな白い星を指差してくれた。(5)家に着くまで、わたしは窓越しにずっとその星をみつめつづけた。かぼそい光を強く目に焼きつけた。これから先、またひとりぼっちになることがあっても、二度とその光を見失わないように……。

それから三十年の時間が経って、先月、長らく患《わずら》っていた年上のいとこが亡くなった。葬儀の日、喪服《もふく》すがたでそれぞれの住まいから駅に到着した姉とわたしを、父がロータリーで拾った。父はいま、白いプリウスに乗っている。去年買い替えたばかりだというけれど、シートにはすでに煙草《たばこ》の匂いが染《し》みついている。助手席には母が座り、母のうしろにはわたしが座り、わたしの隣に姉が座る。むかしから変わらない、おなじ位置だった。

葬儀の帰りに思うところあって、わたしは助手席のうしろからあの忘れがたい、不可思議な午後の記憶を三人に話して聞かせた。だれも信じてくれなかった。「夢だろう。」と父はいい、「こわい話ね。」と母はいった。姉は後部座席で半分目をつむりながら、げらげらわらっていた。

わたしの頬のほくろは時を経るにつれすこしずつかたちを変えて、いまではすっかりハート形になっている。

（青山七恵《あおやまななえ》「わかれ道」による）

問1　本文中の、(a)おろしたばかり、(b)しおらしく　の意味として最も適当なものを、それぞれ次の**ア**から**エ**までの中から選べ。

(a)　**ア**　合わせただけ　**イ**　洗い立て　**ウ**　使い始めてすぐ　**エ**　ちょうど良いくらい

(b)　**ア**　あっさりと　**イ**　あつかましく　**ウ**　こっそりと　**エ**　おとなしく

問2　本文中に、(1)まだ赤ちゃんなんだ、と思った。とあるが、「わたし」の気持ちとして最も適当なものを、次の**ア**から**エ**までの中から一つ選べ。

ア　決めたとおりに行動できる自分のことを誇らしく思い、無邪気にふるまう子どもたちを幼く感じている。

イ　子どもたちの行動が昔の自分のようで懐かしく思い、店では騒がない自分のことを大人だと思っている。

ウ　人の迷惑を考えない子どもたちを苦々しく思い、お菓子を買うのを我慢した自分の成長を実感している。

エ　ひとりで歩いている自分を頼もしく思い、お菓子を手にしてはしゃぐ子どもたちを冷ややかに見ている。

問3　本文中に、(2)二車線の道路の、左側の歩道を歩いた。とあるが、なぜか。その理由として最も適当なものを、次の**ア**から**エ**までの中から一つ選べ。

ア　車にはねられないように、明るい店が並び運転手からよく見える左側を歩きたいと思ったから。

イ　父と姉が車から自分を見つけ、声をかけてくれることを待ち受けるような気持ちがあったから。

ウ　父が自分に気づいてくれるか心配で、自分が先に父の車を見つけて合図をしようと考えたから。

エ　ちっとも自分を見てくれていない父と姉に絶対見つからないよう、暗い方を歩きたかったから。

問4　本文中に、(3)周りの景色はぼやけ、お腹の底が冷たくなった。とあるが、このときの「わたし」についての説明として最も適当なものを、次の**ア**から**エ**までの中から一つ選べ。

ア　予想外の事態におびえ、すっかり日が暮れたことにも気づいて、寒さと空腹とで急に目がかすみお腹が痛くなっている。

イ　見捨てられるはずはないと思っていたのに、父が自分を完全に無視したとわかり、あまりのショックにあ然としている。

ウ　自分が意地を張ってさえいれば、家族のほうから折れてくれるという見通しが外れ、反省しながらも途方に暮れている。

エ　家族の車が通り過ぎてしまい、そのうえ自分ではない誰かが乗っていたことに衝撃を受け、悲しみと恐れを感じている。

問5　本文中に、(4)家からじゃないよ、さっきのあの……とあるが、「わたし」がいいかけてやめたのはなぜか。その説明として最も適当なものを、次の**ア**から**エ**までの中から一つ選べ。

ア　父と姉の言うことに逆らうのはまずいと思ったが、二人の態度がさっきと違って優しいことに何かのたくらみを感じたから。

イ　父と姉の言うことがおかしいと思って訂正しようとしたが、二人の姿が自分の記憶と違うことに気づき戸惑いを覚えたから。

ウ　父と姉の言うことを修正しようとしたが、自分の知らないうちに二人が服を着替えていたとわかって返事をためらったから。

エ　父と姉の言うことには納得がいかないと思ったが、自分の記憶が次々と否定されていくため急に自信が持てなくなったから。

問6　本文中に、(5)家に着くまで、わたしは窓越しにずっとその星をみつめつづけた。とあるが、このときの「わたし」についての説明として最も適当なものを、次の**ア**から**エ**までの中から一つ選べ。

ア　家族のもとに自分を導いてくれる北極星を目に焼きつけ、今後一人になっても、家族がいることのありがたさを決して忘れまいと心に刻んだ。

イ　家族に心配させたことを後悔して、今後は迷わず一人で家に帰れるように、夜空に輝く北極星を決して消えない目印として覚えこもうとした。

ウ　北極星を見つめながら様々なことが起きた一日を振り返って、自分の態度を改めて反省し、悲しいときには今日の星空を思い出そうと決めた。

エ　家への道順をもう一度記憶し直すとともに、家族と一緒に過ごす安心感に浸り、これから先はけんかをせずに仲良くしようと北極星に誓った。

問7　この小説の表現の特徴を説明したものとして最も適当なものを、次の**ア**から**エ**までの中から一つ選べ。

ア　時間の経過に応じて、鮮やかな色彩と光の描写がちりばめられ、その多彩さが家族と「わたし」の揺れ動く関係を表現している。

イ　明るい場面に暗い内心を、暗い場面には星の光を取り合わせ、その明暗のコントラストが「わたし」の心の矛盾を表現している。

ウ　少女の複雑な内面を一人称視点で描き出し、華やかな色彩と光の描写によって、繊細な「わたし」にひそむ不安を表現している。

エ　場面の変化に伴い周囲の光の描写が変化し、その推移が「わたし」の心情と重なって、主人公の気分の浮き沈みを表現している。